Samuel Rocheblave
George Sand

**George Sand et sa fille, d'après leur
correspondance inédite**

(1855-1873)

III. APRÈS LE DEUIL. — VOYAGES. — ESSAIS LITTÉRAIRES
DERNIÈRES LETTRES (1855-1873). (1)
»Je l'ai mise au monde, je l'ai nourrie, fouettée, adorée, gâtée,
grondée, punie, pardonnée, et avec tout cela je ne la connais pas
du tout... »
(G. Sand à Solange, 16 juin 1858.)

I

La mort subite de Jeanne Clésinger (13 janvier 1855), au début d'une année
qui semblait pleine de promesses, avait foudroyé la mère et la grand'mère. La
correspondance de George Sand et de Solange nous montre la persistance de
cette prostration. « Je vais tous les jours pleurer dans le chalet toute seule,
écrit George Sand le 12 février. Je ne peux pas prendre le dessus. Je suis trop
vieille pour me consoler. » Encore la grand'mère est-elle moins à plaindre
que la mère. Car cette mère, en perdant son enfant, a perdu la direction même
de sa vie. Elle est libre, il est vrai, après avoir été esclave de son mari, et
esclave maltraitée. Mais cette liberté, qu'en faire désormais ? L'ennui, le
dévorant ennui, cet ennemi personnel qui la poursuit depuis l'adolescence ne
va-t-il pas de nouveau s'abattre sur elle ? Quel but assigner à sa vie ? Quelle
activité lui prescrire ? Ce cœur brisé ne va-t-il pas glisser peu à peu au culte
amollissant, inerte, de sa propre souffrance ?
George Sand le craint ; mais elle veille. Sans vouloir détourner sa fille d'une
douleur trop naturelle, elle la met en garde à l'occasion contre certaines
complaisances inutilement accordées à son deuil. Son regard redresse et élève
le regard de Solange. Si sa fille lui envoie le moulage des mains de l'enfant
chérie, elle comprend et remercie, mais regrette « que cela soit comme poli et
arrangé après coup par le mouleur. Cela n'a pas la vérité des deux
charmantes petites menottes de son premier âge. Chère petite fille ! Je ne
crois pas que notre esprit aille en dormant dans un autre monde : mais il ira
pour tout à fait, et nous l'y retrouverons grande, belle, et se souvenant de
nous. Nous ne devrions donc pas avoir tant de chagrin ; mais Dieu veut que
nous en ayons et que nous le bénissions quand même (20 février 1855). » Ces
lignes peuvent servir à dater les pages où elle raconte la vision qu'elle eut
d'une Jeanne grande, belle, habitant un monde supérieur, et tout étonnée des
larmes de sa grand'mère (2). Pages elles-mêmes inachevées, comme sont nos
douleurs, imprécises comme sont nos espoirs ! Si tout commence ici-bas, tout
finit ailleurs. La force de cette conviction soutint George Sand, et l'éleva au-
dessus de ces manifestations dont la piété ne déguise pas toujours assez la
petitesse.
Son souvenir, à elle, était fait de transfiguration et d'idéal. Elle poursuivait,
ai-je dit plus haut, crayon en main, les traits de l'enfant disparue. Etait-ce
pour la certitude de les saisir, ou pour la douceur de les caresser ? Solange lui
offre une précision, et quelle précision ! le visage moulé de la petite morte.
Ne m'apporte pas *ce masque*, non ! je ne veux pas le voir ! Je cherche et

retrouve sa figure sur des petits bouts de papier avec Manceau. Nous la voyons sous tous ses aspects différens. (24 février 1835.)

Il ne faut donc point s'étonner qu'au mois de janvier suivant, voyant Solange préparer un voyage à Nohant pour le triste anniversaire, elle s'attache à l'en détourner :

Laisse-moi te déconseiller ce voyage. Il te fatiguera et te fera du mal. L'âme de notre chère enfant est avec nous, partout et à toute heure. Sa tombe n'est qu'un objet à respecter. *Le respect des tombeaux, oui, mais pas le culte.* Il serait puéril. Et cette visite où tu n'auras aucun de nous pour partager ta douleur [George Sand est à Paris quand elle écrit ces lignes] sera une souffrance sans fruit pour ton âme. Ajoute à cela le froid, la lassitude. Si tu veux me rendre moins triste ce jour-là, tu y renonceras. D'ailleurs, que signifie un anniversaire ? Est-ce parce que le temps a marqué un certain nombre de jours et d'heures, que nous devons sentir une perte plus cruelle ? N'est-ce pas tous les jours l'anniversaire d'un tel malheur ? Les regrets sérieux n'ont pas de préjugés, et ne recherchent pas les crises à heure fixe.

Je t'embrasse. Viens dîner aujourd'hui, si tu es libre. (9 janvier 1856.)

Solange ne se laissa pas convaincre. La douleur est individuelle, comme la maladie : chacun la traite suivant son tempérament. Elle alla donc à Nohant. Comme elle s'attarde, sa mère la rappelle :

Laisse les choses dans l'état où elles sont, ma chère fille. Laisse dans cet endroit la croix que tu as apportée. Je la ferai placer pour le mieux quand j'y serai. Jusque-là, j'ai défendu aux ouvriers et au jardinier de rien faire sans mon ordre. Reviens, car tu ne fais que t'enrhumer là-bas. Je l'embrasse. (15 janvier 1856.)

L'année suivante, même intention chez Solange, même souhait exprimé par sa mère avec quelque chose de plus.

Je te prie de ne pas venir pour cet anniversaire dont l'*établissement* me serait douloureux, et contrarierait toutes mes notions et toutes mes idées. Tu le sais. Et tu sais aussi que j'ai d'autres raisons pour éloigner ton retour ici. Tu me ferais beaucoup de chagrin en insistant et en venant au pays dans les circonstances actuelles. J'espère que tu ne trouverais aucune satisfaction à m'affliger. Je ne veux pas croire que cela soit possible.

Je t'embrasse et pense te revoir à Paris, bientôt, bien que je ne m'annonce encore à personne. (3 janvier 1857.)

L'insistance particulière de George Sand s'explique cette fois par la disposition du cimetière de famille, qui ouvrait sur la propriété de Nohant ; le terrain avait été pris en enclave sur cette propriété. Il était cependant contigu au cimetière du village : seule une légère haie vive l'en séparait. Il fallait donc passer par l'habitation et par le jardin, pour gagner la porte privée ; sinon, éviter ostensiblement le château, faire le tour, traverser tout le champ du repos, et franchir la haie pour arriver à la petite tombe. Cette double alternative peinait également George Sand. Sa lettre d'ailleurs peina non moins Solange, qui accomplit en dépit de sa mère, cette fois encore, son pèlerinage. Mais ce ne fut pas, comme George Sand le craignait, une chose « établie. » Nous ne retrouvons plus trace, désormais, de ces démonstrations

4

à jour fixe. Solange était occupée ailleurs, ou voyageait, ou se distrayait. Elle n'oubliait pas pour cela. Elle n'oublia jamais. Jusqu'à la fin de sa vie assez incohérente, ce fut la plaie vive de son cœur. Elle renonça simplement à cette pratique extérieure, comme à d'autres. Elle donnait ainsi raison à sa mère, avec le temps. Mais le temps n'adoucit jamais la souffrance intérieure qui la poignait à la vue des enfans des autres. Toute sa vie, elle fut la mère douloureuse qui écrivait, en 1856 :

J'ai, au moment où je m'en gare le moins, des émotions violentes qui ressemblent à des coups de poignard. Il y en a qui ont des jupes courtes, des petites démarches cambrées qui me font illusion. Je les suis pendant un temps comme si c'était à moi, et puis je me précipite pour voir leur visage : et, en découvrant que ce n'est pas celui que je cherche, je deviens si féroce que j'étranglerais volontiers l'enfant qui m'a fait illusion.

Nous n'avons pas la réponse de George Sand à cette lettre. Sûrement, elle ne laissa point passer sans remontrance une telle violence de regrets. Mais quoi ! si Solange n'était point personnelle et emportée jusque dans un sentiment désintéressé par nature, elle ne serait point Solange. Elle souffrit assez de cette disposition pour qu'on lui soit indulgent.

Un indice plus grave est dans la phrase que l'on a lue plus haut : « Tu sais aussi que j'ai d'autres raisons pour éloigner ton retour ici. » Plus tard, en 1861, quand Solange voudra acheter un coin de terrain en Berry, et s'établir aux portes de Nohant, sa mère s'y refusera, et lui intimera en quelque sorte l'ordre de n'en rien faire. Pourtant, toutes les fois qu'elle le peut, entre 1855 et 1861, elle laisse venir, et même appelle sa fille chez elle. Ce sont les bons momens de Solange ; ce sont aussi les seuls où sa mère n'a pas d'inquiétudes à son sujet. Mais George Sand, dont la vie est chargée de travail et d'obligations, n'entend point être à la merci d'un coup de tête, d'une fantaisie. Elle choisit ses momens, elle fixe ses dates, et parfois ses conditions. Solange est à Nohant « chez sa mère, » et non chez elle ; on l'invite, elle ne s'invite pas. Précaution que George Sand jugea indispensable, et non pas seulement pour sauvegarder la liberté de son travail. Elle voulait aussi que Solange méritât Nohant, et reconnût par un effort de caractère la faveur qui lui était accordée. Les raisons de cette politique maternelle se devinent, et nous n'y toucherons que d'une main légère. Il suffit d'indiquer que George Sand « retint » longtemps Solange par Nohant ; et que la fréquence ou la rareté des apparitions de Solange à Nohant, à partir d'une certaine date, fixe en quelque sorte le baromètre de sa vie morale. Trop de lettres ont d'ailleurs disparu, sur la période dangereuse, dans cette double correspondance, pour que nous puissions faire autre chose que donner à ce sujet une simple indication.

Ainsi, très vite après la mort de l'enfant, nous percevons avec netteté ce qui unira toujours ces deux femmes, soit dans la communauté du souvenir, soit dans l'affection naturelle, et ce qui les empêchera toujours d'être cœur contre cœur, et surtout conscience contre conscience. Bientôt, il y aura tout un côté de la vie de sa fille que sa mère désirera ignorer, et la distance s'allongera entre elles. George Sand déclarera expressément à sa fille ne pas vouloir connaître l'usage qu'elle fait de sa liberté, trop sûre qu'elle serait d'avoir à blâmer ; et la conversation, détournée du terrain moral où la mère l'avait longtemps maintenue, oscillera désormais vers les voyages, la politique, pour se fixer enfin, avec une insistance significative, sur les sujets de littérature. Mais n'anticipons point, et voyons comment, de ces deux âmes accablées par l'épreuve, l'une se releva assez rapidement dans un sursaut d'énergie, tandis que l'autre, après avoir longtemps plié sous son dolent ennui, promenait en divers lieux sa tristesse et finissait par s'imposer d'utiles distractions.

II

Après six semaines de torpeur, George Sand comprit qu'il lui fallait s'arracher de Nohant. Une diversion violente pouvait seule la ranimer. Elle résolut de retourner en Italie, dans cette Italie dont son imagination toujours fraîche avait gardé, malgré vingt ans écoulés, un véritable éblouissement. Cette fois, elle voulait faire connaissance avec Home et ses environs. Ce n'était pas petite affaire qu'un tel voyage ; car elle ne se séparait point de ses compagnons habituels : son fils d'abord, puis Manceau, son factotum, devenu indispensable à sa vie par ses offices de tous les instants, et même, du moins une partie du trajet, ses hôtes ordinaires, le journaliste Victor Borie, et le peintre Eugène Lambert. Ce fut sans doute l'*Histoire de ma vie*, qu'elle appelle quelque part « une assez bonne affaire, » qui défraya ce déplacement. Elle comptait néanmoins, autant qu'il était dans sa nature de le faire ; sa dépense, calculée à l'avance, laissait le moins possible à l'imprévu.

Le 18 mars au soir, elle arrivait à Rome. Son plan était de n'y séjourner que huit jours, puis de visiter Florence, et enfin de s'établir à la Spezzia, pour une station de repos. Maurice espérait pousser une pointe à Naples. Mais les finances le permettraient-elles ? (Lettre du 19 mars.) Là-dessus Maurice prend la fièvre romaine, souffre de la gorge, de la tête. Il faut partir. La colonie quitte Rome sur les instances du médecin, et gagne Frascati. Là Maurice se remet peu à peu, et George Sand fait part à sa fille de ses impressions. Solange avait dû faire, à la même date, un voyage en Belgique, ce qui explique pourquoi sa mère ne l'avait point prise dans sa caravane.

Frascati. 1er avril 1855.

... Nous avons quitté les splendeurs de la semaine sainte au moment où l'univers s'y précipitait. Nous sommes venus nous installer à Frascati, ce qui n'est pas la chose la plus facile du monde quand on n'est pas muni de beaucoup de piastres. Cependant nous avons trouvé pour un prix modeste le rez-de-chaussée de la villa Piccolomini. Un palais, rien que ça ; mais quel palais ! des fresques partout et des meubles nulle part ; pas mal de puces ; enfin, l'Italie de cette région et Majorque, ça se ressemble sous beaucoup de rapports. Ceci *pourtant* est plus beau comme nature ; et comme *aspect*, les habitations sont autrement seigneuriales. Mais elles ne sont guère plus closes, guère plus propres, et guère plus habitables par conséquent. Pourtant, nous arrangeons notre campement le mieux possible, et, au milieu des armoiries et des chapeaux de cardinal représentés sur tous les murs, nous commençons à goûter les délices du *Chine vert* [le thé ?]. Je me porte bien et Manceau

6

aussi, ce qui nous rend très tolérans sur l'absence de bien-être. Maurice seul pourrait s'en plaindre, mais il s'en amuse tant que j'espère voir nos petites misères tourner bientôt à sa parfaite guérison.

Le pays est d'une beauté dont aucun récit ne pourra jamais donner l'idée. Frascati est une toute petite ville sur un des mamelons qui forment les premières assises des Apennins. L'endroit est assez élevé pour que de plain-pied, dans le jardin, nous voyions toute la campagne de Home, et toute la chaîne des Apennins, de la Toscane aux Abruzzes ; et, au-delà de cette zone, nous voyons encore les têtes couvertes de neige de ces dernières. De l'autre côté, au-delà des plaines sans fin et tout unies de la campagne romaine, désertes, incultes, semées de troupeaux et criblées de ruines de tous les temps, nous voyons le Tibre se jeter dans la mer. Autour de nous les collines sont couvertes de villas abandonnées ou peu s'en faut, ouvertes à tout le monde, car il n'y a rien à voler : et les arbres monstrueux, les fontaines jaillissantes, les rochers, les cascades ne peuvent être emportés. Nous cueillons des anémones de toutes couleurs, des cyclamens, des hépatiques ravissantes en plein bois et en plein champ. Tous les arbres sont en fleur, et il fait déjà très chaud dehors, quoique très froid dans nos grandes salles voûtées disposées pour l'été, et peu garnies de cheminées (outre qu'on ne peut pas avoir de bois). Mais, avec ce temps doux, il tombe des torrens de pluie tous les soirs et presque tous les jours, depuis que nous avons mis les pieds sur les Etats du Pape. Nous nous promenons ici depuis hier avec une pluie continue ; mais on peut voir la fin de ses jambes pour marcher avant de trouver celle des grandes allées de chênes verts, trapus, énormes, tortillés et voûtés en impénétrables berceaux. Partout sautillent et courent follement des eaux qu'on peut bien appeler cristallines sans métaphore aucune. En un mot, c'est, ici le paradis terrestre, et, s'il y avait, moins d'Italiens, il faudrait y passer sa vie. Mais trois inconvéniens sont graves. Presque tous les Italiens sont ou voleurs, ou mendians, ou habitués à faire leurs besoins n'importe où et n'importe devant qui ils se trouvent. De cette dernière habitude il résulte que les fleurs sont partout mêlées à autre chose, et qu'il faut s'éloigner de tout lieu habité pour ne voir pas les émotions poétiques singulièrement refroidies par le côté hideux et grotesque d'une barbarie connue tout au plus à La Châtre.

Je t'ai écrit de Rome, il y a une dizaine de jours ; tu as dû recevoir ma lettre. Je n'ai pu t'écrire plus tôt, ne m'étant pas reposée une heure ailleurs ; et depuis, je n'aurais pas voulu t'écrire que ton frère était malade, car donner de ses nouvelles de si loin pour n'en pas donner d'agréables, c'est inutile en pareil cas. Sa maladie n'avait rien de grave, étant prise à temps comme elle l'a été. Mais nous avons passé quelques jours très ennuyés, comme tu peux croire.

Sur ce, bonsoir, ma mignonne. Voilà une longue lettre pour quelqu'un qui se lève de bonne heure, et qui ne s'arrête de courir que pour dîner. Aussi les lits plus ou moins granitiques des auberges d'Italie me semblent-ils délicieux. Je t'embrasse mille fois, et ton frère aussi. Dis à Mme de Girardin, ou au Prince [Napoléon] si tu le vois, que j'ai reçu les lettres et que je les remercie d'avoir pensé à moi. — J'avais déjà fait connaissance avec Mme de Rayneval avant d'avoir ma lettre de créance, car le paquet qui contenait ces lettres et les tiennes a été très longtemps en route de Gênes à Rome (3). Ladite ambassadrice est fort aimable. J'ai vu aussi le Pape... dire sa messe, et je le verrai, dimanche prochain, donner sa grande bénédiction de Pâques à Saint-Pierre, s'il ne pleut pas des hallebardes. J'ai vu les cascades de Tivoli, paysage qui passe pour gracieux, et qui est sublime, mais effroyable. J'ai vu des ruines fantastiques à Rome. Mais il y en a trop. Enfin j'ai mille belles choses à te raconter. Et pourtant je ne te conseillerai pas ce voyage dans les conditions où je le fais, car il faut des jambes, de la volonté, de la patience, ou des sommes fabuleuses. Donne-moi de tes nouvelles *de suite* [Solange était malade de son côté], car les lettres ne vont pas vite par ici, sous le couvert de M. Gustave Boulanger, à l'Académie de France, à Rome. Mille belles révérences du graveur [Manceau]. — Embrasse pour moi Mme d'Oribeau, et remercie-la de son bon souvenir. — Je ne sais pas du tout s'il faut affranchir. Je t'envoie mes lettres par le Préfet de police.

Quelques jours après, elle était à la Spezzia. Nouvelle lettre, non moins piquante que la précédente, et qui évoque, après cinquante années, une Italie bien différente de celle d'aujourd'hui. Cette lettre, écrite au crayon sur un chiffon de papier, a dû être griffonnée en plein air.

Ma chère mignonne, je t'écris perchée sur une montagne au fond du golfe de la Spezzia. C'est un endroit tranquille et délicieux, un climat très doux et un terrain très praticable pour la promenade. Car nous sommes venus ici hier par une journée de pluie battante. Nous avons passé, en bateau, un torrent dont le lit a une demi-lieue de largeur, et qu'avant-hier on passait en voiture sur les cailloux. Aujourd'hui nous voilà à travers champs, passant les ravins et grimpant partout à pied sec. Je suis assise par terre sur un sable chaud tout rempli de fleurs ; encore des bruyères blanches, des orchys superbes aussi, dont je ne sais pas les noms. La vie est à très bon marché, sauf le vin, qui est gâté dans presque toute l'Italie, depuis quelques années. Ainsi je pense que tout le monde avait raison de me dire que c'est ici qu'il fallait s'arrêter pour trouver du repos, pas de froid, de la propreté et de la promenade. J'ajoute que les gens du pays paraissent charmants, qu'ils vous disent tous un bonjour amical et pas servile, en passant, et qu'ils ne vous demandent pas l'aumône, chose dont on est stupéfié en sortant des autres provinces de l'Italie où, sur cent personnes que l'on rencontre, quatre-vingt-dix-huit vous poursuivent avec une obstination inouïe. Cette mendicité hideuse est un fléau qui vous gâte les plus beaux endroits.

Donc, si je reviens faire une saison l'année prochaine, c'est là probablement que je me fixerai ; et, si on le conseille un voyage de santé, ne te lance jamais dans les États du Pape, où l'on manque de tout et où le climat est dur comme le reste. Mous avons passé trois jours à Florence. C'est aussi un agréable séjour pour qui aime les villes. C'est même aussi peu ville que possible pour qui aime la campagne. Il y a tant de belles choses à voir que nous [nous] y sommes éreintés. Mais pour ceux qui y restent et qui prennent leur temps, ce doit être délicieux. La ville est belle en certains endroits, propre partout, et civilisée complètement. A Rome on ne trouve pas une paire de pantoufles. C'est à la lettre.

Lambert a dû te donner de nos nouvelles, il y a quelques jours : je l'en avais chargé. Ceci est notre bulletin pour une huitaine. Alors nous serons à Gênes et en retour pour Paris, soit que nous prenions le Mont-Cenis, soit que nous reprenions la mer, ce qui est le plus économique parce que c'est le plus prompt.

J'espère avoir demain de tes nouvelles par M. Parodi à qui je viens d'écrire de m'expédier mon courrier. Je t'embrasse de cœur ainsi que l'on frère. Mauceau t'envoie tous ses hommages. Je te quitte. Le temps se couvre un peu, et il faut que je retrouve mes chasseurs de papillons (4), disparus à travers les myrtes et les éricas. Lesdites bruyères blanches embaument et ont quinze et vingt pieds de haut. Je voudrais t'en porter une. Adieu, tâche d'avoir de bonnes nouvelles à me donner de toi. Moi, je vais sensiblement mieux. J'ai tant forcé mon poumon à grimper, que je crois qu'il s'est beaucoup amélioré. Il faudrait pouvoir rester encore deux ou trois mois à ne rien faire que courir et dormir. Mais c'est impossible, et je crains fort que mon bourreau M. Plon (5) ne crie déjà après moi. Encore bonsoir, car en rentrant je t'achève cette page. (Fin avril ou début de mai 1855) (6).

il serait intéressant de suivre ainsi George Sand dans tout son voyage, et de cueillir toutes fraîches les impressions qu'elle mettra au compte de Jean Valreg dans *la Daniella* (7), en les accommodant au caractère de son personnage. Malheureusement, ses autres lettres d'Italie, s'il y en eut, ne nous ont pas été conservées. Dès le début de juin, George Sand était rentrée à Nohant. Un énorme arriéré de besogne l'y attendait. Diversion salutaire, qui combattit l'assaut redoutable des souvenirs :

Oui, j'ai le cœur gros ici, mais il faut bien que je m'y fasse. Je suis écrasée d'un travail forcé qui m'est peut-être bon dans la circonstance... Bonsoir, ma toquée. Je me replonge dans l'encrier. (6 juin.)

Maurice était à Guillery, chez son père. Solange avait pu, entre temps, accomplir son voyage en Belgique ; elle n'en avait pas rapporté de la gaité. Sa santé était comme son humeur, très inégale ; et elle la traitait encore plus inégalement. Elle méditait des fugues de diverses sortes, cherchant à sortir de Paris pour sortir d'elle-même. « Viens à Nohant, lui écrit sa mère (9 juin), c'est ici que tu reposerais le mieux. » Mais le repos tout plat, ce n'est pas ce que cherche sa fille. Il faut qu'on s'occupe d'elle, qu'on l'exclue, qu'on l'entraîne ; sinon elle souffre, se plaint d'être délaissée, ou donne à comprendre que quiconque n'est point constitué comme elle ne sait ni aimer ni souffrir. Réponse :

Je travaille comme douze nègres, et je ne m'en plains pas. Cela m'arrache de force à tant de souvenirs qui se pressent ici à toute heure. Mais je n'oublie pas pour cela, et je vois bien que depuis beaucoup de jours tu ne m'as pas écrit. (25 juin.)

Solange a des crises de nerfs. Pourquoi ? lui demande sa clairvoyante mère :

Ne vis-tu pas, de parti pris, dans des causes d'excitation où la tête est plus en jeu que le cœur ? Tu ne m'en diras rien, je le sais ; mais au moins dis-toi à toi-même tout ce que j'aurais à te dire. Tu as bien assez d'intelligence pour cela.

Et elle lui conseille de voir Mme de Girardin, relation précieuse pour Solange, mais que la mort allait rompre incessamment. (Lettre du 29 juin.) Là-dessus Solange parle d'un voyage en Angleterre, d'où George Sand conclut que, par un de ces retours inopinés dont elle est coutumière, c'est un voyagea Nohant qui s'annonce. En effet, elle vient, repart pour Paris, court sans motif à Boulogne (18 juillet), et revient sans plus de motif. George Sand la raille, mais au fond s'inquiète.

J'ai eu envie de rire de tes caprices de voyage, que tu racontes si drôlement ; mais je crains toujours que sous toutes ces gaîtés il n'y ait des chagrins ou des folies. Te voilà bien en peine de savoir où tu promèneras tes pas, comme si Nohant ne te valait pas beaucoup mieux, au moral et au physique. Je supporterais même le chien-veau [une des bêtes de Solange ; d'ordinaire George Sand exigeait que sa fille se séparât chez elle de sa ménagerie], à condition que tu penserais à le faire boire. Mais le diable te pousse je ne sais où. Au moins dis-moi toujours ce que tu fais. Et, quand tu seras bien lasse de ne pas t'amuser, viens au moins t'ennuyer avec quelque chance de repos et de santé. (25 juillet.)

Ces sages avis n'empêchaient pas Solange d'aller griller à Aix-les-Bains le 5 août, et d'en revenir toute penaude. Toute cette agitation ne profite pas à sa santé. George Sand la voit à Paris, au mois de septembre, en mauvais état. Elle insiste pour qu'elle vienne en Berry. De Nohant, le 4 octobre, elle insiste encore. Qu'elle vienne, à une seule condition : pas de cheval. George Sand n'est plus d'âge à l'accompagner (récemment son cheval l'avait jetée rudement par terre), et la folle témérité de sa fille lui est trop connue pour qu'elle la laisse aller seule. Mais Solange ne veut pas se réduire à des occupations de vieille femme, et à « faire de la tapisserie. » Sa vive réponse est une peinture de son caractère :

Je t'avouerai franchement que le Berry perd beaucoup de charmes pour moi à être vu à pied. Je crois même que l'hiver là-bas sans cheval, avec la meilleure volonté du monde, me serait impossible. Je n'ai malheureusement que vingt-sept ans, et, tout en étant souvent malade, je n'en ai pas moins le sang et les nerfs trop jeunes pour pouvoir tout un hiver faire de la tapisserie, jouer du piano et me livrer à ma *vaste correspondance*. J'ai besoin d'une activité quelconque, soit de l'activité des salons, des spectacles, des courses, etc., soit de l'activité du cheval, qui est la plus calmante de toutes...

On dit ensuite que je fais des bêtises, à Paris, quand on me voit au théâtre avec des femmes et des hommes de mon âge. Il ne peut guère en être autrement, vivant complètement seule, n'ayant aucune espèce de protection ni de loin ni de près, et portant avec moi un profond chagrin. Que je m'étourdisse ; que j'épuise ma jeunesse et ma santé en me grisant de bruit et de mouvement, c'est tout simple, et je suis plus à plaindre qu'à blâmer. On ne sait pas souvent quelle nuit passe une femme qui s'amusait beaucoup le soir !... (6 octobre 1855.)

La fin de cette lettre amère met en cause George Sand bien injustement. A

Nohant, on ne la voit pas ! elle travaille tout le temps ! Sinon, on ne la voit qu'en compagnie de ses commensaux, Maurice, Manceau, etc. ; et l'intimité est impossible. Mais quelle « intimité » Solange avait-elle recherchée avec sa mère, et quelle mère, en dépit de toutes les bourrasques, avait moins donné sujet à sa fille de se déclarer « sans aucune protection, ni de loin ni de près ? » Certes, la souffrance de Solange est réelle, et sa destinée fut à plaindre. Maia la principale cause de ses souffrances, et jusqu'à un certain point de ses malheurs, elle la portait dans son propre caractère. Et les fatals effets de son mariage se faisaient encore sentir dans la séparation. Qui donc, sinon Clésinger, avait développé les côtés impérieux et violens de ce caractère par ses odieux sévices ? Quel régime moral, d'autre part, que cette vie en l'air qu'elle avait menée durant les courtes accalmies de leurs querelles ? Après ces folles traverses, Solange devait connaître la plus terrible des épreuves, sans s'y mûrir ; du reste, elle ne mûrit jamais. Et son unique règle, dès lors, fut un systématique « étourdissement. »

George Sand en souffrit, et se tut. A l'occasion, elle risquait encore une remarque, enveloppée de circonspection. Une fois, après une frasque qui en faisait prévoir une série d'autres, elle lui adressa la grave et forte admonestation que son devoir de mère lui imposait. Ce fut, de sa part, l'avertissement suprême. Après, elle feignit d'ignorer, et détourna la tête. Cette attitude était la seule qui convînt à sa dignité.

… Quant à toi, mauvaise tête, je crois sans peine que tu as des succès de chic et d'originalité, et qu'en ne faisant pas trop de gambades au bord des précipices, tu pourrais à Turin (8), et encore mieux à Florence, où la tolérance est l'âme de la société, nonobstant les cancans, te faire une petite cour comme tu les aimes. Mais je crains pour toi ces brusques fantaisies, qui, je crois, renversent de temps en temps tes édifices, quelque bien construits qu'ils soient selon toi. Je ne sais rien de la véritable vie, et ne veux pas savoir, puisque tes explications aboutissent toujours pour moi à une désapprobation dont tu te fâches et que tu as l'air de ne pas comprendre. Je croyais m'être dix fois bien expliquée sur ce que je crois permis dans ta situation, et non permis dans quelque situation que ce soit. Mais comme je ne veux pas savoir ce qu'on peut dire, et que tu ne me dis que ce que tu veux (quelquefois avec trop d'esprit pour que je comprenne), je suis forcée de m'abstenir de juger. Le jour où tu serais réellement explicite, je te donnerais peut-être une bonne clé pour sortir du labyrinthe où tu te fatigues à chercher. Mais cette clé, voudrais-tu la prendre ? Ce n'est pas sûr.

Ce que je vois, c'est que le milieu que tu t'étais choisi à Paris, et dont tu parlais avec beaucoup de satisfaction et de fierté, t'a ennuyée ou [t'a] manqué tout à coup un beau matin, puisque tu as transporté ailleurs tes projets et tes chiffons. Pour ta santé, j'en suis contente. Pour l'avenir, je ne sais qu'en dire. Un milieu nouveau est très bon, quand on sait profiter de l'expérience acquise dans celui que l'on quitte. Mais nous avons deux points de vue si différens, que tu m'as donné auprès de toi, dès le commencement de ta vie, le rôle de l'impuissance, la responsabilité sans l'autorité ; situation impossible ! Tu ne veux pas de ce qui fait tout accepter et tout supporter, les satisfactions du cœur, ou les déceptions du cœur, *n'importe*. Mais enfin le rôle du cœur à tout prix, sans l'accompagnement des fanfreluches, des fusées et des fumées. Toi, tu t'es fait je ne sais quel idéal de toutes sortes de sauces de haut goût, au milieu desquelles je vois des truffes, du piment, des dragées, de la glace, du feu, et rien à manger pour se nourrir et digérer comme tout le monde. Et pourtant tu as du cœur, du dévouement et de la charité, et même beaucoup plus que la plupart des femmes. Mais le beau Paris de Troie, aux cheveux frisés, passe, et te voilà partie pour le pays des flûtes, des rubans et des grelots, affichant des airs de don Juan femelle et disant avec de grands éclats de rire : « Mon Dieu ! que j'étais bête, hier, d'être bonne et raisonnable ! » Pourquoi tout cela ? Je l'ai dit souvent : je l'ai mise au monde, je l'ai nourrie, fouettée, adorée, gâtée, grondée, punie, pardonnée, et avec tout cela je ne la connais pas du tout, ne pouvant jamais deviner ni comprendre pourquoi elle fait ou veut faire telle ou telle chose qui pour moi n'a pas sa raison d'être. (16 juin 1858.)

III

George Sand semble désespérer d'amender ce caractère déconcertant. Au fond, elle espère toujours. C'est que, dans la riche nature de Solange, le remède est à côté du mal. Il ne lui manque que de vouloir. Déjà, lors de ses accès de folle mondanité coupés de dégoûts et de lassitude, la mère avait jeté à sa fille cet avertissement : « Je ne croirai jamais que cela [tes qualités] doive aboutir à faire de toi une *lionne*. » Dès 1851, elle la pique, elle la stimule, elle l'entraîne au travail. Dans la crise morale, autrement grave, qui suivit la mort de Jeanne, George Sand attendait le moment propice pour tenter, par le travail encore, une cure définitive. Hérédité à part, toutes sortes de raisons conseillaient à la femme séparée, si intelligente et si désœuvrée, une occupation sérieuse. Jusqu'à un certain point même, les circonstances lui commandaient une tâche lucrative. Le budget de Solange était alors dès plus minces. Son mari, — disparu en Italie, — n'avait garde de payer les intérêts de la dot dissipée, quoique tenu par un jugement de le faire ; son père, malgré ses bonnes intentions, comptait très irrégulièrement la petite pension dont il l'aidait (9); le plus clair des ressources de Solange venait de Nohant, et, à Nohant même, on n'était pas très au large. Les années 1857 à 1860 furent terribles pour la librairie. L'attentat d'Orsini avait provoqué des mesures draconiennes envers la presse. Malgré ses relations personnellement bonnes avec le prince Napoléon et même avec l'Empereur, George Sand subissait le contre-coup de ces « rudes avertissemens » suivis de suspensions, qui équivalaient souvent à une ruine. Elle en fit l'épreuve pour *la Daniella* et même pour *les Beaux Messieurs de Bois-Doré* (10). En 1859, la situation était très précaire, et la tâcheronne de Nohant l'établissait ainsi, à la fois pour elle et pour sa fille :

… Tu m'as parlé de ta situation, qui n'est pas satisfaisante et que j'ai le chagrin de ne pouvoir améliorer. Que faire ? J'ai cinquante-cinq uns et ne puis renouveler les forces que la nature va sans doute bientôt me refuser. Je n'ai pas placé un centime, je ne l'ai jamais pu. Il eût fallu me retirer dans un petit coin et vivre absolument seule, n'en jamais sortir, et faire des économies. Il n'a jamais dépendu de moi de régler ainsi mon existence ; et, depuis ton mariage et la révolution de Février, tu sais le changement qui s'est fait dans mes ressources. Tu me demandais *conseil* l'autre jour à Paris. Je ne pouvais que te rabâcher : Vis de peu, ou apprends à travailler. A tout, tu réponds : C'est impossible. Que veux-tu donc que j'invente pour toi, ma pauvre enfant ? Je ne puis changer les conditions de la vie. Il t'a fallu du luxe. Je t'ai donné, l'un dans l'autre, beaucoup plus du tiers de notre avoir. Il faut bien songer que l'on frère doit en avoir autant pour s'établir. Il me restera alors à peine un quart, sur lequel je te ferai encore 2 400 francs. J'ai établi mon bilan dernièrement avec des hommes d'affaires. Si Maurice se marie, il me restera, les impositions payées, 1 000 à 1200 francs de rente. Tu dis à cela que je travaille. Oui. Je travaillerai tant que je pourrai. Mais quand je ne pourrai plus ? Impossible depuis deux ans de vendre autre chose que ce que je produis au jour le jour. En présence des grands événemens qui se produisent et qui causent une crise générale peut-être très longue, et très grave à envisager, je n'ai pas l'espérance de faire une affaire quelconque avec cette propriété littéraire, peut-être considérable un jour comme valeur. Mais quel jour ? quand j'aurai soixante-cinq ou soixante-dix ans ? Tout cela ne m'affecte pas pour moi-même. Le jour où je ne pourrai plus soutenir la vie de Nohant, je trouverai moyen de me passer d'un reste de bien-être. Ce qu'il faut, il le faut, et la plainte ne sert de rien. Ce qu'il y a de certain, c'est que je n'ouvrirai pas de *souscription Lamartine*. Ce qui m'afflige et m'abat, c'est de ne pouvoir te faire un meilleur sort. Si tu m » le reproches, tu as bien tort. J'en souffre plus que tu ne penses, et, plus je m'en tourmente, moins les forces me reviennent. Le seul conseil que je puisse te donner, c'est d'avoir une forte volonté pour les privations ou pour le travail. Et quand tu dis *ça m'ennuie*, je n'ai plus rien à dire. La volonté ne se donne pas. Bonsoir, ma mignonne, je ne puis écrire davantage. Je te bige mille fois.

A la date de cette lettre (1859), Solange avait déjà essayé du travail. Mais le grand effort, le saut définitif lui coûtait encore. Elle ne le fera jamais, quoiqu'elle ait produit deux ouvrages, et qu'à une certaine époque, elle ait eu plusieurs autres essais sur le métier. Commencer lui coûtait peu. Mais continuer, mais achever ! Une fois la première fièvre tombée, elle laissait tout languir. C'est que, avec trop de goût naturel pour se satisfaire à bon compte, elle n'eut jamais assez de persévérance pour triompher de toutes les difficultés du métier. « C'est un métier, dit La Bruyère, de faire un livre, comme de faire une pendule. » C'est même un métier que de faire un article ; plus facile d'ailleurs, et auquel une femme vive, spirituelle est vite dressée. Solange le prit d'abord par ce bout-là. Mais c'est le cas de détailler un peu. En raccourci, l'exemple de Solange peut nous montrer ce qu'était une femme de lettres amateur sous le second Empire, et quelles difficultés rencontre une essayiste, même bien douée, lorsque d'amateur elle veut s'élever au rang d'auteur.

Cela commença par des vers, naturellement. Une jeune femme qui souffre incline à chanter sa douleur. George Sand encourage (26 avril 1856) : « Je vois avec plaisir que la veine poétique persiste. Va toujours. Tu sais qu'il faut publier un volume. Tout petit, ce sera de bon goût. Mais il faut que *ça siète du bon.* » Ce n'était encore que de lassez bon. Solange avait jeté son dévolu sur les petits poèmes à forme fixe du XVIe siècle, triolets, rondeaux, etc. Voici un échantillon de son envoi à sa mère :

> Reprenez votre cours, mes pleurs,
> Vos sources ne sont point taries ;
> Vous ne savez tous mes malheurs,
> Reprenez votre cours, mes pleurs.
> La vie est changeante en douleurs,
> Qui se déroulent par séries ;
> Reprenez votre cours, mes pleurs,
> Vos sources ne sont point taries.

George Sand poursuit :

Je n'ai pas fait l'illustre Manceau seul juge de tes poésies. Je les trouve très jolies de forme, un peu creuses de sens. Les rondeaux et triolets ont l'inconvénient de rendre l'esprit plus chercheur de rimes que d'idées. Je sais bien qu'il n'en faut pas faire une grande consommation en vers ; mais encore en faut-il un peu, ou au moins il faut une grande clarté dans ce peu. Quand tu dis : *vous ne suivez tous mes malheurs*, on ne sait pas du tout si c'est aux larmes que tu t'adresses, ou à quelque auditeur. Du reste, c'est très joli à l'oreille, très coulant. Avec quelques mois d'étude, ça peut devenir bon. Par étude, j'entends qu'il faut en faire souvent et beaucoup. La forme te deviendra alors si facile que tu pourras n'en être pas gênée pour accuser un peu plus le fond.

Ce premier projet fut bientôt abandonné. Trois autres petites pièces, du même style, prouvent que Solange pratiqua quelque temps ce pastiche, d'ailleurs facile. Mais il ne fut plus reparlé d'un volume de vers, même « tout petit, » sinon beaucoup plus tard, et, même alors, ce projet n'aboutit pas.

L'année 1856 ne s'était pas écoulée que Solange projetait un autre essai, probablement un roman. Je viens de finir un autre roman, — lui écrit sa mère, en décembre. — Et toi ? Te voilà dans de superbes projets. Pourvu qu'il y ait autre chose de fait que les titres des chapitres ! Je désire *excessivement* que ton ardeur ne se passe pas en paroles et en projets : et, si tu veux me faire tout de bon plaisir, tu mèneras la chose à bonne fin. Le travail relève de toutes les méchancetés du dehors, et de tous les ennuis du dedans.

Ce nouvel ouvrage dut être bientôt délaissé. Il pouvait attendre, puisqu'il avait déjà ses titres de chapitres ! C'est sans doute à lui que George Sand faisait allusion, lorsqu'elle lui écrivait malicieusement (une fois n'est pas coutume) le 14 janvier 1859 : « Je n'ai pas besoin de te dire de ne pas trop te fatiguer à *ton roman*, Il ne me paraît pas qu'il t'enivre... »

Si Solange n'écrivait pas le roman projeté, c'est peut-être qu'elle en vivait un autre. Sur ces entrefaites, elle avait renoué avec l'ami dont la correspondance, surprise par Clésinger en 1854, avait provoqué l'éclat que nous avons raconté plus haut. Cet ami était le comte A***, député du Piémont ; sa résidence ordinaire était à Turin, mais il faisait à Paris des passages ou des séjours. Le 26 mars 1858, Solange parle de lui à sa mère sur un tel ton que celle-ci lui répond : « On voit bien à ton style que c'est le descendant du Corneille de l'Italie. » Solange, sans doute invitée par lui, veut partir pour Turin. Cet imprévu l'attire. Le Piémont, d'ailleurs, était fort intéressant à cette époque, à la veille de l'indépendance italienne. Et Turin, ville de tout temps à demi française, comptait, en outre, des exilés ou des victimes de l'Empire. Un des meilleurs amis berrichons de George Sand, Ernest Périgois, s'y trouvait entre autres, avec Etienne Arago. C'était là matière à devis politiques, à observations, à écritures.

Un livre sur le Piémont ! Solange le voit luire dans l'éclair de sa fantaisie. Et la voilà qui se prépare à ce fascinant voyage. Elle empile sur sa table et dévore simultanément : une grande biographie de Victor Alfieri, les lettres du président de Brosses sur l'Italie, celles de Mlle de Lespinasse et enfin les ouvrages... du maréchal de Saxe ! Férue tout à coup d'enthousiasme pour son grand ancêtre de la main gauche, Solange ambitionne d'écrire, elle une femme, l'ouvrage d'histoire grave, technique, profond, dont son héros est digne et qui lui manque encore. La tête échauffée de ces projets multiples, elle part pour Turin. Sitôt arrivée, elle tombe à plat, et s'ennuie. Elle se plaint de cet ennui à Ernest Périgois, et à sa mère. Celle-ci lui répond : Écoute un peu les conseils d'Ernest, qui sont excellens et aussi bien dits que bien pensés. Je les signe des deux mains. Il ne tient qu'à toi d'être charmante et d'avoir une vie à la hauteur de ton esprit. Tout ce que tu me dis de toi, aujourd'hui, est naturel et aimable. Eh bien ! c'est bon *pour le moment*, comme me disait à chaque mot une vieille femme de Gargilesse ; mais, à force de voir en toi-même, tantôt posant avec une poésie un peu folle, tantôt *le démolissant* avec beaucoup d'esprit et de gentillesse, arrive donc à prendre un parti vis-à-vis de toi-même, à te dire : « Voilà décidément mon meilleur côté. Je le sais, je le sens, je veux le développer. » Rappelle-toi ta fameuse sentence de Majorque : « Tout se peut quand on le veut. » Rien n'annonçait, dans ce temps-là, en toi, un caractère léger. Tu étais rageuse, mais tu avais de la volonté. Aies-en encore, mais pour ton profit. Écris ce qui te passe par la tête, si ça te soulage. Mais en te déclarant fantastique et mobile, n'oublie pas qu'il ne s'agit pas seulement de se critiquer avec esprit, mais de profiter de son propre esprit et de sa propre critique. Tu sais très bien te faire admirer, je n'en suis pas en peine. Fais-toi aimer sérieusement, et tu seras plus heureuse, plus forte, plus belle en tout. (3 mai 1858.)

Eperonnée de la sorte, Solange commence à colliger des observations. Mais quelle forme leur donner ? Le souvenir des *Lettres d'un voyageur* l'obsède ; d'autre part, la forme et l'esprit de la Grèce contemporaine, parue trois ans auparavant, l'attirent. Elle songe à ce titre : *Lettres d'un voyageur amoureux* ; About serait son modèle pour le style, et elle mêlerait à doses piquantes la politique, le pittoresque et le sentiment. Elle songe-aussi à un roman genre *Tolla*. Pour se mettre en train, elle discute littérature à perte de vue avec un certain « George » (tel est son pseudonyme dans la correspondance), un Français exilé qui n'est autre, sûrement, qu'Etienne Arago. George Sand intervient en tiers dans leur dialogue :

Je ne suis pas si rigide que *George* en fait de littérature. J'adore Voiture, c'est une vieille passion ; un fadasse si on le juge comme un contemporain, mais le plus curieux et le plus charmant *diseux de rin que j'asse pas connaissu.* Mérimée est un maître ; Ronsard un divin poète, et About un talent charmant que l'avenir augmentera ou détruira selon la vie qu'il mènera. Voilà comme je pense ; et si tu avais, de ces quatre esprits, seulement le moindre à ton service pour la *forme* et le *savoir-faire*, ce que l'on appelle le *métier*, je te dirais : écris vite et publie. Je crois George trop difficile et trop exclusif. Mais je doute que, d'emblée, tu fasses un roman comme *Tolla* (11), qui certes est une bonne chose. Ce n'est pas une raison pour ne pas essayer n'importe quoi. Envoie-moi ton élucubration ; et, comme je suis assez au courant pour le moment de ce qui plaît, je le dirai franchement s'il faut la publier. Quant aux vers, je ne serais pas bien compétente ; et George, qui en fait de très beaux, pourrait le mieux conseiller. Mais si tu te rebutes quand on te dit qu'une chose n'est pas réussie, tu ne feras jamais rien. Il faut, au contraire, que le blâme te stimule et te donne envie de mieux faire. Je crois qu'en voulant faire parler un *voyageur amoureux*, tu débutes par une très grande difficulté. L'amour d'un homme, dit par une femme, surtout à brûle-pourpoint dans une lettre, c'est un tour de force, et ne peut passer qu'avec une habileté consommée. Envoie-moi ça quand même ; et, si tu me parais avoir échoué en effet, tu prendras ton sujet plus terre à terre. Il est impossible qu'il n'y ait pas quelque chose de joli à sauver dans tout cela.

Le comte, de son côté, pressait Solange d'aboutir, et lui offrait tous les matériaux nécessaires à un livre, grave ou léger, sur le Piémont. George Sand, très souffrante de coliques néphrétiques, et condamnée au repos forcé, lui écrit entre deux accès pour revenir à la charge :

Il faut faire le livre qu'on te conseille, ne pas « échigner » les populations. On n'a ce droit-là que dans un livre très sérieux. Mais tu peux très bien t'instruire des choses du pays, même sérieuses, puisqu'on te donne la besogne toute mâchée. (26 juillet 1858.)

Mais Solange, au moment de sauter, se dérobe. Ce ne sera pas pour cette fois. On verra une autre année, au prochain voyage... Et la voilà partie pour une grande randonnée, qui la mène de Turin à Aix-les-Bains (4 août), d'Aix à Baden-Baden (13 août), de Bade en Belgique (28 août) ; elle finit par se rabattre à Nohant (septembre). Et sa mère, désolée, de lui écrire le 9 août, mal guérie encore :

Ta grande lettre m'a fait beaucoup de peine. Je voulais t'y répondre longuement. Je n'ai pas pu. Je n'ai fait que pleurer, en te grondant en moi-même de jeter ainsi le manche » après la cognée. Ma tête n'est pas assez forte pour cela. Épargne-moi un peu. Je t'écrirai de Nohant... Je t'embrasse tendrement et tristement.

Les pleurs de George Sand s'expliquent. Solange en était à sa troisième tentative avortée : un volume de vers, un roman, un livre de mœurs. Et la tarentule du déplacement la piquait toujours ! Au mois de décembre, elle repartait pour Turin d'une traite, à l'improviste.

Que diable vas-tu faire à Turin, pour y passer cinq jours, par ce mauvais

16

temps ? Il faut que tu sois de fer pour de pareilles courses. Dieu merci, tu es trempée pour une existence si active et si *mystérieuse*. Car le diable ne devinerait pas le but de pareilles promenades en plein hiver.

Il est probable, pourtant, que le diable eût deviné. Solange s'en expliquait, à sa manière :

J'avais promis là-bas, à une personne que j'aime beaucoup, de ne pas laisser finir l'année sans retourner la voir… Sur huit jours, j'ai donc été en passer cinq à Turin, un à Aix pour y voir mon bon docteur Davat (qui m'était venu tirer de ma fièvre cérébrale l'an passé en Piémont), — et M. Lanfrey, un garçon de beaucoup de mérite et de talent, qui a le mauvais goût de me trouver de l'esprit, et la naïveté de me chapitrer sur le travail. (16 décembre.)

Une certaine coquetterie satisfaite perce dans cette dernière phrase. Solange était justement fière d'avoir attiré l'attention du grave Pierre Lanfrey. Elle l'occupa plus d'un jour. Mais les Célimène ne captivent pas éternellement les Alceste.

Plusieurs mois se passèrent. Solange était à Paris, et sa mère parcourait l'Auvergne, quand elle reprit, en juillet 1859, deux de ses anciens projets ; écrire, à défaut de livres, des articles sur le Piémont, et approfondir l'œuvre du maréchal de Saxe. M. de Girardin, qui semble avoir eu un faible pour son brillant esprit, la chargeait d'aller, sur place, écrire des articles politiques pour *la Presse* :

Enfin je quitte Paris ce soir pour Florence, où je vais tartiner des bouts d'articles pour *la Presse*. Bouts d'articles mal payés, mais cependant payés. (28 juillet.)

En août, elle rentrait, après avoir envoyé au journal plusieurs études, dont trois parurent, mais hachées par les ciseaux du rédacteur en chef Nefftzer. En même temps, elle se mettait décidément au « Maurice de Saxe. » George Sand, ravie, lui adressait de vifs encouragemens pour ses lettres de Florence, et offrait de lui corriger, « si elle voulait, » ses études sur l'auteur des *Rêveries*. « Je crois bien que je le veux ! » (9 octobre.)

Tout s'annonce à souhait, d'autant plus que George Sand se trouve inopinément secondée, dans ses conseils à sa fille, par le maître de la critique, par cet incomparable « directeur » intellectuel qui s'appelle Sainte-Beuve. La rencontre est assez curieuse pour qu'on s'y attarde un instant. Solange écrit à sa mère, le 9 juillet :

A l'occasion de la réception de Sandeau, à l'Académie, j'ai fait la connaissance de Sainte-Beuve. Il a salué notre rencontre d'une gracieuseté à ton adresse, dans son compte rendu de la séance (12). Il me prête des livres, et me les commente avec beaucoup d'obligeance.

George Sand répond, le 11 juillet :

Je suis bien aise que tu voies Sainte-Beuve. C'est un esprit incomparable, et que j'aimerai toujours, bien que je ne l'aie pas vu depuis des siècles. Je crois qu'il est brouillé avec la *Revue des Deux Mondes*, car je n'y vois plus rien de lui. Où écrit-il ? Tâche donc de m'envoyer ce qu'il a dit sur moi.

Mais un brusque départ de Solange pour Florence suspend ces relations à peine commencées :

Sainte-Beuve vient d'écrire à Mme Allart (13)pour lui demander en ma faveur une lettre pour le fameux Capponi. Je t'ai envoyé la *Revue européenne* où il écrit maintenant. Oui, il est brouillé avec la *Revue des Deux Mondes*. Mais je ne sais pas pourquoi. Il a été charmant et excellent pour moi, s'intéressant, et paternisant. Il me montrait le chemin et me prêtait des livres. Mais mon départ démanche ces séances de bons conseils littéraires. Je le regrette infiniment. Il enseigne à merveille, avec érudition et avec goût. Au fait, tu le connais, je ne sais pas ce que je te conte là ! Les enfans croient toujours avoir découvert ce que les parens savent mieux qu'eux ! (28 juillet.)

Revenue de Florence, Solange reprend, au début d'octobre, contact avec Sainte-Beuve. La lettre dans laquelle elle détaille une de ses visites au petit ermitage de la rue Montparnasse est trop intéressante pour que nous n'en citions pas la majeure partie. Après toutes les révélations que nous a values récemment le centenaire du célèbre critique, elle conserve tout son prix, et toute sa saveur. La description de cet intérieur de bénédictin laïque, et le portrait légèrement égratigné de Feydeau qui lui fait suite, prouvent bien que ni Girardin, ni Lanfrey, ne se trompaient en croyant Solange capable de talent. ... Sainte-Beuve, ce puits d'érudition, s'est mis à ma disposition. Il n'aura des livres de la Bibliothèque et des documens, — voire même des chercheurs consommés, — pour me faciliter ma tâche [son livre sur le maréchal de Saxe]. Il fait le papa avec moi d'une façon fort touchante. Je parierais qu'il s'intéresse à moi autant qu'à la chatte qui vient de faire ses petits et les allaite dans son cabinet de travail. Il m'a fait présent de livres, dont un assez rare, — les lettres de l'abbé Galiani ; — il m'a donné un médecin, un coffret venant de Delphine Gay, des bouquets de roses-thé, de sages conseils, des lettres de recommandation pour Florence, d'autres pour d'érudits personnages ; enfin il *s'intéresse* (comme il dit), et je lui en suis très reconnaissante. Car son esprit, sa mémoire inouïe m'ont fait passer des heures charmantes ; sa raison, souverainement raisonnable, ses encouragemens bienveillans m'ont arrachée à des jours de désespérance bien amère.

Je vais le voir quelquefois (sa maison est très honnête). Il habite une maisonnette très proprette que sa mère lui a léguée rue Montparnasse. Au rez-de-chaussée, une salle à manger, un salon meublé en acajou, un jardinet avec prunier et clématite grimpante, une cuisine archilavée, le tout grand ouvert à tous les vents, comme en province. Trois femmes s'y tiennent avec une petite fille (laquelle est bien assez laide pour... mais qui cependant... ça n'en a pas l'air du moins !). Les trois femmes ont l'air décent de gouvernantes et de servantes de curé. La régisseuse est laide comme sa petite fille, la cuisinière est vieille, mais la femme de chambre est jolie comme un cœur et ressemble tout simplement à Mme de Pompadour. Pour un érudit... Tout cela est fort décent, et tient le milieu entre le presbytère et la bibliothèque de l'Académie. Personne n'oserait y allumer une pauvre cigarette. On vous y offre, à neuf heures du soir, un bol de lait chaud, ou une tasse de thé, avec du rhum dedans.

Monsieur se tient en haut : une jolie chambre Louis XV, à panneaux blanc et or, d'une fraîcheur charmante. Deux bibliothèques d'acajou ; deux fenêtres sur la clématite, trois tables brutes craquant sous les bouquins, un lit de fer sans rideaux et à couvre-pied de laine verte, avec un édredon, sous lequel la bonne cache la chemise et le foulard de nuit. Une corbeille à papiers, — la chatte derrière la porte, allaitant ses enfans, — la photographie de Feydeau, — la *Sapho* de Pradier en pendule, — deux vases de porcelaine verdâtre et deux fauteuils modernes avec trois chaises de paille, — voilà le cabinet de travail où Sainte-Beuve reçoit les gens qu'il aime. On le trouve là avec un professeur de collège qui lui vient faire la lecture à huit heures, et l'on en sort toujours *en ayant appris quelque chose qu'on ne savait pas*.

Lundi, j'y ai rencontré Ernest Feydeau. Je ne devine pas comment diable Sainte-Beuve s'est pris d'affection pour ce garçon ! Ils se ressemblent comme le soleil et la lune ! On dit beaucoup de mal de ce Feydeau,... ce qui me l'a fait regarder curieusement. Il est assez beau diable, grand, élégant, pâle et noir du Clésinger, sans lui ressembler cependant). S'il parle, c'est de lui ; s'il se tait, on voit que c'est pour y penser. Il trouve moyen d'y ramener toutes les conversations, de s'appliquer tout ce qui se formule d'agréable ou de louangeur sur n'importe qui, de jeter sur le dos de se ennemis ce qu'on peut blâmer chez Richelieu, Robespierre ou Denys le Tyran. Si vous dites : Je viens de lire un roman de Th. Gautier sur l'Egypte, qui m'a beaucoup intéressé, il s'écrie : « Parbleu, je crois bien ! c'est moi qui l'ai l'ait. » Un autre, à propos de Chateaubriand, émet une opinion sur le monde ; Feydeau lui coupe la parole de cette manière : « Ah ! c'est très juste ce que vous dites là ! ainsi, moi, je... » ou bien : « Oh ! vous êtes dans l'erreur ; car, moi je... » C'est un ouragan de personnalité que cet homme. Il n'a pas d'esprit ; car c'est en manquer totalement que de toujours parler de soi. La seule vraie marque d'intelligence qu'il ait donnée pendant les deux ou trois heures que j'ai passées en sa compagnie, c'est son admiration pour toi. Il dit avoir reçu quatre ou cinq lettres de toi. Il les sait par cœur, vous les cite, vous les lit (il les a dans sa poche), il arrête les passans pour leur dire : « Voyez, je suis un grand homme ; George Sand le pense et me l'a écrit ici, voyez, regardez, lisez, écoutez ! »

Il est bruyant, fatigant, vantard. Et cependant Sainte-Beuve, l'homme calme, bien élevé, modeste et raisonnable par excellence, l'aime ! arrangez cela !

Le Feydeau a de bonnes naïvetés, par instans. Il dit : « Mme Sand m'a engagé à l'aller voir à Nohant ; mais je ne puis maintenant. Quelqu'un se meurt chez moi (c'est sa femme). » Puis, il ajoute, après un silence et un regard *convenable* vers le plafond : « Est-ce qu'on peut aller en hiver à Nohant ? Je serai libre au mois de décembre ou de janvier. »

Il n'y a sortes de questions qu'il ne m'ait faites sur toi : sur ton caractère, ta personne, tes habitudes, tes manuscrits. Il m'impatientait tant, que j'ai fini par lui répondre : « Ce qu'il, y a de plus remarquable et de plus beau chez ma mère, ce n'est pas encore ses jolies petites mains ni ses grands yeux noirs : c'est son naturel, sa modestie, et sa simplicité, qui du reste sont le partage du génie et du vrai talent. » Il a compris, et l'inquisition a fini. (9 octobre 1859.)

A ce croquis à l'eau-forte, George Sand répond de son crayon gras et ferme, avec sa manière généreuse :

... Tu peins de main d'artiste l'intérieur de Sainte-Beuve, et tu me rappelles le temps où, quand il venait me voir, je me sentais calmée et réconfortée pour plusieurs jours. C'est que personne ne dit mieux les bonnes choses. Il leur donne une forme agréable et sérieuse en même temps, qui pénètre les cervelles quand elles ne sont point obtuses ; et, la tienne ne l'étant pas, je désire beaucoup qu'il ait sur la vie l'influence qu'il a eue sur la mienne en certaines occasions. Si tu pouvais mettre à la place des relations frivoles dont tu te dis souvent lasse et désabusée des relations utiles à l'âme, tu sortirais de ta chrysalide de paresse, et tu trouverais ton équilibre. Je suis convaincue de la possibilité de l'*éclosion* ; le papillon ayant beaucoup voltigé et attaqué beaucoup de plantes doit redevenir un très beau et fort papillon, après toutes ces campagnes et métamorphoses. — Tu vas croire, d'après cette *jolie* comparaison, que je me suis imprégnée d'entomologie au contact de Maurice. Non. Je suis dans les cailloux quand j'ai une heure de récréation (14). Mais c'est si rare, et mes yeux sont si fatigués que je commencerai à savoir un peu de minéralogie vers l'âge de quatre-vingt-dix ans. C'est pourtant bien beau, les pierres, et je ne sais pas pourquoi on en qualifie quelques-unes de *précieuses*, quand toutes sont le résultat d'opérations si mystérieuses et si puissantes. Tout est beau et intéressant, vois-tu, et, quand tu seras vieille comme moi, tu regretteras comme moi de n'avoir-pas eu plus de temps pour *admirer*, au lieu de *vivre*. Mais qu'y faire ? Allons ! c'est égal, tu travailles et tu es éprise de ton sujet, c'est la meilleure condition pour bien faire. Je ne comprends rien aux lignes de circonvallation et autres belles choses dont tu te régales. Mais je suis sûre que c'est très intéressant, parce que tout est beau dès qu'on le comprend. Je t'embrasse. Ton frère aussi. Tiens-moi au courant de tes batailles. (23 octobre 59.)

P. -S. — Tu peux attendre une occasion pour m'envoyer les *Rêveries*. Dis à Emile [Aucante] de t'en remettre le prix. J'ai bien ri de ta description d'Ernest Feydeau. Je le crois, en effet, *exhubérant (sic)*, mais il me plait quand même. Il a du talent courageux et jeune ; et comme, en fait de gens de lettres, il y en a deux de modestes sur cent, il faut bien les prendre comme ils sont. Rappelle-toi Balzac !

Là-dessus, Solange se remet en selle et trotte vigoureusement durant quelques semaines, à la suite de Maurice de Saxe. Mais, un beau matin, elle s'aperçoit que « le moderne ne lui est plus de rien, » et que sa cervelle « manquait totalement d'actualité. » Des amis la raillent. Ils provoquent un réveil de la mondaine, qui d'ailleurs n'avait jamais dormi que d'un œil. Quelle verve fouettée dans cette page espiègle, où Solange à la fois s'admire et se raille elle-même !

J'ai compris que j'étais *coulée*, si je ne donnais un bon coup de collier à l'indulgente réputation d'esprit qu'on m'a bien voulu faire. Alors j'ai endossé mon habillement de velours, agité des nuages de poudre rose et blanche, et fait une petite tournée dans le pays des rubans et des grelots. J'ai dîné toute la semaine dernière, éreinté mes plus tendres amies, assommé mes petits camarades, et réveillé, à grands coups d'éventail sur la tête, trois à quatre amoureux transis qui s'étaient endormis dans le coin de ma cheminée entre la pelle et le garde-cendres. Puis jetant, le matin, sur les publications nouvelles, un regard suffisant pour en surprendre les défauts, je proclamais tout haut le soir le mal qu'il en fallait penser. Après huit jours d'allées, de venues, de repas, de caquetage et d'éreintante oisiveté, j'ai opéré ma retraite, en frappant les dentelles de mon jabot, de la façon de quelqu'un qui n'est point mécontent de soi. Au retour, j'ai flanqué au plus haut rayon d'une armoire mes perles d'or, mes souliers haut montés, mes bons mots, mon scepticisme railleur et mon esprit de parade, aussi faux que mes couleurs vermeilles et mes longs sourcils. Me voici donc rentrée au gîte et rendue à celui que j'aime, à l'homme de mes rêves, au vaillant el beau Maurice, heureuse de lui donner à la fois et mon temps et mon cœur ! J'ai entrepris hier en sa compagnie et sous les ordres du prince Eugène la plus forte place de Flandre. Et je me suis endormie dans le logement qu'ont pratiqué nos bons soldats Hessiens, sur l'angle du demi-bastion d'un tenaillon. (28 novembre 1859.)

La jolie page ! et quel charmant livre, écrit « à la française, » cette page promettait ! Le 10 décembre l'élan n'est pas encore ralenti. Solange fait donc plus que de promettre, elle commence à tenir ! Voici le plan détaillé, les titres de chapitres : ceci nous inquiète, vu un certain précédent ; les devises nous rassurent : c'est sérieux, c'est du latin. PREMIÈRE PARTIE : UN FILS DES KŒNIGSMARK (*ab origine summa*), 4 chapitres. — DEUXIÈME PARTIE : LE DUC DE COURLANDE (*frangor non flector*, ou bien *invicto insuperabile fatum*), 4 chapitres. — TROISIÈME PARTIE : LE COMTE DE SAXE (*per tela, per hostes*),, 4 chapitres. — QUATRIÈME ET DERNIÈRE PARTIE : LE MARÉCHAL DE SAXE (*Victricia signa* ! ou bien *Quævis obstacula rumpit* ; ou bien encore : *Hosles féliciter arcet*), 8 chapitres : campagne de 1744, Fontenoy, Bruxelles, Raucoux, Laufeld, Maestricht, Chambord, Strasbourg. — Programme superbe, développé avec un véritable emportement d'éloquence qui implique l'assaut définitif. Pourtant, les lettres suivantes ne parlent que de chiffons ou d'affaires. Inquiète, George-Sand insinue, le 24 février 1860 :

Et le maréchal de Saxe ? comment se porte-t-il, le pauvre homme ? Son portrait (15) a l'air de me le demander tous les jours. Je ne sais que lui répondre. As-tu fini tes cartes et tes plans, et vas-tu enfin le faire naître ?

Hélas ! le héros de Fontenoy subissait maintenant toutes les sautes d'humeur — ou de santé — de Solange. Solange a eu mal aux yeux, puis la cholérine. Aussi, entrée dans Prague depuis quinze jours, ne peut-elle plus en sortir (25 février). Le 1er avril, elle reprend le travail ; le 16, elle l'arrête. Elle le reprend encore, au début de mai ; le 31 mai, elle l'abandonne définitivement. Un billet de la maréchale Randon, sur la difficulté de forcer le règlement des Archives de la Guerre, en est le prétexte.

Pauvre maréchal de Saxe, s'écrie Solange ! On va encore dire que je commence trente-six choses et n'en finis jamais une seule ! Mais dame ! cette fois-ci, ce n'est pas ma faute ! Voici ce que la maréchale Randon me répond. Je ne peux pas entrer par escalade au Dépôt de la Guerre. Il me faudra attendre un changement de ministre pour renouveler ma tentative !

Piètre excuse ! c'était le cas, ou jamais, de montrer ses talens de stratégie. Solange était plus sincère lorsqu'elle s'alarmait de découvrir tant de choses à apprendre sur son sujet, et craignait d'en avoir jusqu'à quatre-vingts ans ! Trop amorcée cependant au travail de la plume pour reprendre simplement l'éventail et les mouches, elle se rabat sur l'article à faire, chose qui lui a déjà réussi. Elle essaie d'entrer au *Figaro* ; peine perdue, tout y est pris. Alors, elle fera « de l'esprit à six sous la ligne » au *Courrier de Paris*, sous le pseudonyme, presque transparent pour des Berrichons, de « Dubois de Vavray (16). » Bientôt, le *Courrier* est son débiteur de six cents francs. Quand elle se dispose à toucher la somme, en septembre 1860, le *Courrier* est suspendu par ordre, sa rédaction dispersée ; c'est la faillite. Et Solange trouve que c'est à vous dégoûter d'avoir de l'esprit.

La correspondance entre la mère et la fille devient dès lors un peu plus flottante. Pendant l'été de 1860, George Sand avait éprouvé une fatigue très sérieuse, très persistante. Pour s'en remettre, elle projetait de prendre encore un de ces bains d'atmosphère méridionale, qui lui réussissaient toujours. Moins loin que la Spezzia, toutefois. C'est à Tamaris, aux portes de Toulon, près du dévoué Poney, qu'elle s'installait maintenant, de mi-février à fin mai, ou début de juin (1861). Elle avait fini *Valvèdre*, elle allait écrire *Tamaris*. De son nouvel ermitage, elle adressait à sa fille de magnifiques descriptions de l' « énergique printemps » du Midi, et sans doute aussi quelque invitation au travail sérieux : car les réponses de Solange parlent de ses lectures et contiennent plus d'une irrévérence sur Bossuet : elle se reprend à le lire, avec plus d'insuccès encore qu'en 1851. Bossuet « l'abrutit ; » elle en devenait « innocente ! » Cette seule idée la fait frémir. Une dernière allusion, plaisante cette fois, aux « ouvrages » de Solange, d'après une conversation de George Sand avec un paysan, — en automne 1861 ; — puis, au mois de janvier 1862, tout à coup, un grand silence. Ou, du moins, un grand trou. Les lettres manquent sur un espace de sept années, et nous ne ressaisissons la correspondance, de part et d'autre, qu'en 1869.

V

Nous ne chercherons pas trop diligemment à combler cette lacune. Si le lien se détendit entre les deux femmes, ou si les lettres ont été supprimées par la principale intéressée, c'est sans doute pour des raisons intimes ; il serait d'autant plus indiscret ou superflu de les chercher, qu'il est loisible de les soupçonner. A ces années correspond la période où Solange, dans la plénitude de son originale beauté et de son esprit cinglant, eut un salon littéraire, rue Taitbout, dans une sorte de piquante « garçonnière » qui confinait aux jardins de l'hôtel Rothschild. Un habitué de ce salon, bon juge en fait d'esprit et de femmes, nous dit (17) que dans ce salon, presque exclusivement viril, « il se dépensa prodigieusement d'esprit, avec une spontanéité et une liberté dignes du siècle passé. » Nous le croyons sans peine, non seulement à cause de la présence fréquente de J. -J. Weiss, d'Hervé, de Gambetta, de Laurier et d'Henry Fouquier lui-même, mais encore et- surtout grâce à la nature de la maîtresse de maison, qui ne ressemble à rien, sinon à certaines femmes du XVIIIe siècle. Cette nouvelle vie, soutenue d'élégance et d'aisance soudaines, n'était pas de nature à faire croître l'intimité entre George Sand et sa fille.

Passons donc, et bornons-nous à noter que, lorsque les rapports reprirent, ou du moins à la date où il nous est permis de les ressaisir, en 1869, la vie avait légèrement modifié la situation respective des deux femmes. George Sand avait eu la joie de marier son fils, avec la fille d'un ami très dévoué, très estimé. Sa belle-fille, cette Lina Calamatta, qu'elle peint avec une grâce charmante dans ses lettres à Dumas fils, avait pris d'emblée, au foyer de Nohant et dans le cœur de la mère de Maurice, la place d'une fille. Trois enfans lui étaient nés coup sur coup : un petit garçon, Marc-Antoine, mort avant l'âge d'un an ; et deux fillettes, Aurore et Gabrielle, — Lolo et Titite, — dont l'adorable enfance illuminait Nohant. George Sand réalisait son rêve : elle redevenait grand'mère. Elle s'exerçait maintenant à écrire ses romans, — qui vont incliner aux contes merveilleux, et pour cause, — avec un baby perché derrière son épaule, et un autre à califourchon sur son genou. Sa correspondance en deviendra plus brève ; elle aura ce je ne sais quoi de planant, d'adouci et de lointain des esprits supérieurs qui sourient à l'éternité toute proche et qui se laissent délicieusement vieillir.

Solange, elle, a vu mourir sa grand'mère paternelle, Mme Dudevant mère, et son père. Elle a réalisé, ainsi que son frère, l'héritage de Guillery. Elle a tenu un salon à Paris. Il lui agrée maintenant de se bâtir un home original, sur un coin de la Côte d'azur, non loin de ce *Tamaris* célébré par sa mère, et à portée du bon Charles Poney, si dévoué aux Sand, et d'ailleurs si entendu aux choses de bâtiment. C'est sur les environs de Cannes qu'elle jette son dévolu. Elle y achète, au bon moment, des terrains capables d'une très forte et très prochaine plus-value. Elle met les ouvriers au lopin où s'édifiera la villa *Malgrétout*, joli nom, et d'un choix si ingénieux : hommage filial, et crâne devise. Tout en calculant, achetant, projetant, elle noircit du papier, et non pas seulement avec des chiffres. e goût d'écrire l'a ressaisie.

Quand la correspondance reprend, nous voyons qu'elle vient de terminer en brouillon son premier roman, *Jacques Bruneau*, et qu'elle a soumis ce brouillon à sa mère (été de 1869).

Qu'est-ce que *Jacques Bruneau* (18)? Une « nouvelle, » d'ailleurs intéressante, ingénieusement étirée jusqu'aux dimensions d'un roman. La réalité avait fourni la donnée première. Celle-ci se compose de trois épisodes ou « faits-divers. » Un fait d'armes en Afrique, la poursuite et la mort du chef arabe Si-Embarek ; un duel retentissant, et un suicide dans des conditions bizarres et cruelles. Jacques Bruneau a réellement existé. Dans les *Souvenirs d'Afrique* de M. de Castellane, il s'appelle le capitaine Siquot. Solange suppose que le vainqueur de Si-Embarek, vrai troupier d'Afrique, un Alceste sabreur et hypocondriaque, enrichi subitement par un héritage, tombe à Paris dans un club à la mode. Un de ses compagnons de plaisir le présente à la fille d'une cantatrice célèbre. Cette femme est d'abord froide, puis coquette. Jacques Bruneau s'en éprend follement, prétend s'imposer, se faire aimer bon gré mal gré ; vrai sanglier lâché dans un salon, il multiplie les incartades, se fait de nouveau haïr, puis estimer, puis rechercher, enfin aimer. Mais, ombrageux et jaloux jusqu'à la frénésie, il s'avise subitement, sur des apparences d'ailleurs trompeuses, qu'il est joué, et que son frère est du complot : et il se fait sauter la cervelle, presque en présence de son frère mandé par lui pour assister à ce sauvage dénouement. Histoire assez truculente, un peu heurtée de couleurs et assez incertaine de dessin, mais contée avec une verve rapide, et dont certaines pages, tantôt gracieuses et tantôt narquoises, révèlent un talent prime-sautier.

L'ensemble était donc distingué. Mais à combien de petits cailloux s'achoppait la débutante ! Elle pouvait avoir le talent de son art ; elle n'en possédait ni le métier, ni la grammaire. George Sand lui montre patiemment l'un et l'autre. Page à page, elle relève les incertitudes, souligne les fautes, passe le coup de lime, esquisse une théorie. Elle se révèle admirable pédagogue à son tour, comme tout à l'heure Sainte-Beuve ; et, par surcroît, elle nous apprend quelque chose sur son art à elle-même, tant il est vrai que le plus admirable instinct serait insuffisant, si la réflexion ne l'approfondissait, si l'art ne le fécondait. Retenons quelques-unes de ses observations.

Après avoir remarqué, page 2, qu'on ne dit pas *en proie à une résolution*, parce qu'une résolution est le contraire d'une anxiété ; — p. 43, qu'on n'écrit pas *des candeurs qui viennent se briser contre* ; — que, p. 63, *opérer une fin* n'est d'aucune langue ; — que, p. 137, *avoir l'air d'une houri* est risible : « Quel air ont les houris ? qui les a vues ? » etc., elle ajoute, p. 142 : « Vraiment, l'héroïne est odieuse. »

Ta volonté a été certainement de porter tout l'intérêt sur Jacques ; ce n'est pourtant pas une raison pour que la Tasca (la femme dont Bruneau est amoureux) soit une carogne accomplie. C'est d'autant plus choquant qu'elle *raconte* elle-même, et sans s'expliquer suffisamment sur les causes de son caprice. Elle semble même vouloir imposer son atroce caractère comme une chose toute simple. Ce n'est pas une artiste fantasque, ce n'est pas du tout une Italienne, ce n'est pas une roquette froide, c'est une fille doublée d'une coquine. Il faut absolument la féminiser, l'humaniser un peu. J'ai tenté de t'indiquer dans un feuillet attaché à la page... la seule chose qu'elle aurait à dire pour se faire tolérer jusqu'au bout. Traduis l'idée à ta façon. C'est sur ce caractère de la Tasca, en effet mal venu, ou tout au moins énigmatique, que convergent presque toutes les observations. — Page 44 *bis* : En voulant peindre une coquette, tu lui as laissé trop de conscience, ou tu ne lui en as pas donné assez. Elle a souvent l'air de manquer de raison d'agir dans un sens ou dans l'autre. Elle est indécise, et comme dépourvue de jugement. Il y a, au bas de cette page, une phrase incompréhensible que j'ai rayée, ne trouvant aucun moyen de l'éclaircir.

Et Solange, en accueillant avec gratitude ces remarques, de s'écrier : « Si tu crois que c'est facile de faire un mauvais roman !... C'est joliment peu commode de dire ce qu'on veut dire ! » Elle reprend, corrige, adoucit. Nous avons pu relever, sur le volume, les preuves évidentes de ces corrections de détail.

Quant au style de Solange, style volontiers nerveux, saccadé, il n'était guère possible d'en changer la tenue. Mais quelle leçon pour elle que cette appréciation d'ensemble !

En général, il faut étudier, dans la construction des phrases, ce qu'on appelle le *nombre*. Cela répond au rythme en musique, mais- moins absolument. Le nombre est facultatif pour chaque phrase. Je ne suis pas pour la monotonie et l'habitude de couper de même chaque fragment du discours. Il y a une sorte d'équilibre à établir, et l'habileté est de le glisser partout sans qu'on s'en aperçoive dans les choses de développement et d'analyse, pour le briser ensuite avec une certaine brusquerie quand on se hâte vers la solution de l'idée, et le jeter bas à la fin par un trait net, brillant, chaud ou glacial, selon la nature du sujet. L'instinct nous éclaire là-dessus mieux que la règle, et tu y arrives parfois heureusement (?) souvent tu alourdis tes réflexions par une surabondance d'épithètes ou d'*équivalences* qui refroidissent et allongent. Alors le nombre, ce que j'appellerais l'harmonie dans les proportions n'y est plus. Mes fréquentes ratures, que tu feras bien d'examiner toutes, s'efforcent de rétablir un peu l'équilibre là où il manque trop, et de le faire disparaître quand il y en a trop…

Dans la première version, la Tasca, après avoir raconté la fin tragique de Bruneau, déclarait qu'elle renonçait au monde et se retirait dans un couvent. Voici les réflexions de George Sand sur ce dénouement :

Dernière page. — cette conclusion de vouloir entrer dans un couvent, elle, la Tasca, justement qui ne croit à rien, est très mauvaise, et puérile comme moyen. C'est usé jusqu'à la corde. Je crois que la conclusion logique et naturelle de ce récit serait… « *me rattacher à la vie par un devoir*. Je l'ai accepté, ce devoir. Je le remplis avec zèle, avec joie el avec douleur. Je voudrais rendre ces enfans [les enfans d'une amie, la cantatrice Nina Grossi] heureuses et sages ; j'y mets mon cœur et mes soins ; et puis tout à coup je me sens désespérée de l'avenir pour elles comme pour moi. Quel est le bonheur d'une femme ? l'amour partagé : et rien ne peut fixer ni même déterminer ce but idéal de notre existence ! Moi, qui ai été beaucoup aimée, je n'ai trouvé l'amour auquel j'eusse pu répondre que dans une âme troublée, aux prises avec le désespoir, et l'idée fixe du suicide. » Développe, et traduis cette idée à ta façon (19), qui est quelquefois très bonne malgré toutes mes critiques ; et, en somme, le roman a une valeur que je crois réelle. La seconde lecture, avec l'attention que j'ai apportée aux corrections, a justifié ma première impression. Je t'envoie une lettre pour M. de Girardin (20). Mais, si tu avais du courage et de la conscience, tu reverrais avec soin tout ton livre. Tu pourras faire une très bonne transposition… Fais un remaniement et montre-le-moi. Ton livre peut avoir du succès. Il ne faut pas passer à côté de ce que, avec un peu de patience et de volonté, on peut saisir. (17 juillet 1869.)

C'est là une mâle et ferme critique, relevée à l'occasion de morale, et il n'y manque pas même l'encouragement. Tel récit (p. 204 du livre) est qualifié : « extrêmement bien ; et la fin de la page très jolie. » Telle scène (p. 207 à

211) bien jugée aussi : « Au reste, tout ce qui précède est charmant. C'est le meilleur du livre. » Et tout lecteur de goût en tombera d'accord. Solange, ainsi soutenue, a le courage de remanier. Nouveau brouillon envoyé à Nohant, nouvel examen, nouveau jugement :

20 août. — J'ai tout relu avec soin, et encore corrigé de-çà et de-là quelques mots un peu trop mauvaise compagnie. Par malheur, tous tes personnages sont mal élevés et ont le ton grossier ; quand ils ne l'ont pas, ils sont emphatiques. Ils peuvent être vrais, mais un seul est intéressant ; c'est Jacques, dont la brutalité s'explique et se motive très bien. Les autres, si grands seigneurs, parlent trop comme des calicots. Tu me diras qu'ils sont comme ça. C'est possible, mais ils ne devraient pas être comme ça avec une femme qu'ils disent tous estimer et respecter. La Tasca est aussi assez vulgaire par momens. Je l'ai empêchée de dire : « *Quel manant !* » Elle se répète aussi beaucoup…

Avec tous ses défauts, que j'accuse pour ton instruction de narrateur, le roman a beaucoup gagné comme ensemble et vraisemblance ; et, tel qu'il est, il a du mérite et de l'émotion. Je l'ai ponctué d'un bout à l'autre. Ta ponctuation est généralement intelligente ; mais il y a des étrangetés qu'il faut perdre, comme de mettre — au lieu de… Cette barre ne s'emploie qu'à la place de l'ancienne parenthèse, dont on ne se sert plus. Mais il faut eu être économe, car tout ce qui impatiente l'œil impatiente l'esprit. Tu emploies trop le *car*. C'est lourd. La conclusion est bien meilleure…

Abrégeons, *car* le zèle de détail auquel la mère se livre dans l'intérêt de sa fille, a de quoi confondre le lecteur, même celui qui n'a pas été prévenu, par l'article d'Henry Fouquier, que Solange « avait l'ambition de se faire une place parmi les écrivains, » mais que sa mère la « découragea. » George Sand lut et critiqua de même façon les deux « morts » de Bruneau, les deux versions de la *Préface*, etc. Bref, rhabillé et refaçonné sur toutes les coutures, *Jacques Bruneau* faisait son apparition, devant le public, dans le mois de décembre, sous la forme du feuilleton. Il obtenait un premier succès de curiosité et d'estime. Ce succès se confirmait quand Michel Lévy le publiait en volume, quelques mois plus tard. Cependant Solange ne s'en faisait pas accroire. Et comme le goût, chez elle, était supérieur au talent, ses défauts lui sautèrent aux yeux dès qu'elle les vit imprimés. De là cette charmante lettre, qui est de son meilleur cru :

Cannes, 14 janvier 1870.

Ma chère mignonne,

Depuis que je me suis vue *imprimée*, le défaut m'a sauté aux yeux et me les crève. Mazette ! le style n'est pas fort ! Et le plus fâcheux, c'est que les parties les plus travaillées sont les plus mauvaises. Je ne le dirai à personne ; il y a assez de gens pour vous démolir sans qu'on mette soi-même la main à l'œuvre. Je constate avec tristesse et déplore le fait. Tout ce que tu m'as dit là-dessus, l'été dernier, est très juste. Je ne l'avais pas assez bien compris alors. Les flatteurs (toute femme a les siens), et les indulgens (le bienveillant Sainte-Beuve en tête), ayant loué des épîtres écrites au courant de la plume, Sainte-Beuve me disait : « Vous avez la grâce et le trait. Si vous prenez un pion, vous perdrez ces qualités pour ne rien acquérir de plus. » Sur une page de moi qu'un ami moins complaisant avait corrigée, il écrivit en marge : « Toutes ces corrections sont absurdes ! C'est ainsi qu'on ôte au style le premier jet, le naturel et l'abandon. » Et il me dit : « C'est comme cela que Planche se mêlait de corriger votre mère ! Et elle le laissait faire ! » Il aimait tant les femmes (21), ce spirituel Sainte-Beuve, qu'il lui était impossible de leur parler autrement qu'avec grâce. Le moyen dédire à une dame qui vient vous voir : « Madame, vous écrivez comme un petit cochon ! » Lanfrey m'aurait pu donner d'excellens avis et de profitables leçons. Mais il en eût fallu apprendre trop long avec lui. Et puis il est si occupé ! il a depuis longtemps décliné l'honneur de m'apprendre quelque chose (22). Si je lui demande de revoir ce que j'ai fait, il écrit en marge toutes sortes de gamineries de collégien qui ne sont même pas drôles, la légèreté badine n'étant pas son fait. Il est plus que décourageant, il est aplatissant. De manière qu'entre un ami trop méprisant el d'autres trop aimables je me suis trouvée le... chose par terre. J'ai péché en eau trouble, au hasard de la fourchette. Tant mieux si j'ai amené un morceau à peu près mangeable, et si le public l'avale sans sourciller. Mais, pour moi, depuis que j'ai vu ce morceau sur une assiette de porcelaine, je ne le trouve pas *chic*, et d'une autre main je ne l'accepterais pas. J'ai la prétention de m'y connaître assez pour ne pas croire à mon talent. Pour l'instant, me voici assez démontée. J'ai commencé trois choses différentes : une pièce moderne, un roman Henri III, une nouvelle en 1820. Ça ne marche pas. Avec *Jacques Bruneau* j'allais de l'avant avec l'aplomb de l'ignorance. A cette heure, je sens que l'instrument me manque pour dire ce que je veux1 dire, comme je le voudrais dire. Je reçois de tous côtés des complimens. Mais je sais à quoi m'en tenir, et je pense à César après le passage de son trop fameux Rubicon.

En dépit de cette confession sincère, Solange était amorcée. George Sand, qui s'en applaudissait deux fois, redouble d'encouragemens. La pièce, plus avancée que le roman « Henri III » et les poèmes, lui fut communiquée, acte par acte. Le premier fut jugé charmant : « Continue ta comédie. » Que risquait-elle ? George Sand, en la prévenant d'avance que, quoique fort jolie, sa comédie pouvait n'être pas « scénique, » avait ajouté spontanément : « Si elle n'était que jolie, j'essaierais de la faire agréer à la *Revue des Deux Mondes* (8 juin). » Ainsi Solange pouvait espérer voir son nom figurer dans le recueil même où sa mère avait donné ses œuvres les plus glorieuses. Malgré cette flatteuse perspective, la pièce ne paraît pas avoir été au-delà du troisième acte. Le second se soutenait encore. « L'embrouillage vient, écrit George Sand le 13 juillet, de ce nouveau personnage arabe qui arrive à la fin du troisième acte. » Ce personnage s'appelait Amrou. Nous voyons par d'autres lettres que les autres rôles de la pièce étaient : Sélim, principal rôle ; Mme de Beauval, et la mère Delmas, pour les femmes ; un rôle de général, un jeune premier, etc. Qu'advint-il de cette ébauche ? et de même, qu'étaient les « études » en prose, et les poèmes dont Solange soumit les brouillons à sa mère, et au sujet desquels celle-ci répondait : « Débarrasse-toi d'un certain prétentieux de la Renaissance... En vers, c'est différent. Rassemble donc ceux que tu as faits en imitation de Charles1 d'Orléans. Fais-en d'autres, et on peut voir à les publier. Mais, pour écrire en prose, oublie cette manière. » Ces lignes sont du 22 juillet 1870. La guerre venait d'être déclarée. Cette fois, si les projets de Solange avortèrent, l'excuse était majeure. Les événemens qui allaient se précipiter ont valu à la France d'autres pertes.

VI

On sait quel livre attachant une femme distinguée a écrit sur l'histoire d'une famille française pendant la guerre (23). On pourrait en écrire un autre sur George Sand et sa famille durant l'année terrible. Les élémens principaux en sont épars dans les correspondances déjà parues, notamment dans les lettres à M. Henry Harrisse. Mais celles de George Sand à sa fille, et surtout celles que Solange épouvantée adresse de Cannes à Nohant pendant la marche de l'invasion vers le centre de la France, et celles, plus vibrantes encore qu'elle écrit de Paris après les horreurs de la Commune, apporteraient à cet ensemble une contribution de valeur. Les dangers que sa mère peut courir affolent Solange, qui supplie instamment tous les hôtes de Nohant de la rejoindre. Le même sentiment ramène en scène un grand coupable, auquel il faut tenir compte de son empressement et de ses offres de services, à savoir Clésinger. L'ancien cuirassier se réveillait sous le sculpteur. A cinquante-sept ans, notre artiste réalisait une dizaine de mille francs, lançait des proclamations à Besançon, équipait à ses frais un corps franc, qui tombait en deux combats presque tout entier sous les balles prussiennes autour de Beaune-la-Rolande ; puis, ayant versé le reste de ses hommes dans l'armée régulière, il s'inquiétait d'opérer le sauvetage de Nohant, et poussait une pointe vers Solange. Et Solange, chauvine dans l'âme, reconnaissante à son mari de son courage et de sa sollicitude, l'accueillait quelques jours à Cannes, affectueusement. J'ai reçu de mon mari une lettre d'adieu, pour ainsi dire une demande de pardon, fort touchante. (7 décembre 1870.) — Clésinger a passé par ici, il y a six semaines, cherchant à former un corps… Il a étébien, et convenable. (6 février 1871.) — J'ai oublié de te dire pourquoi Clésinger t'avait envoyé à ses frais un officier pour t'engager à quitter Nohant. (16 février 1871.)
Cet officier, un Polonais nommé Stefan Poleski, lieutenant de Clésinger, s'était présenté de sa part à Nohant, le 15 décembre, pour persuader à George Sand de fuir, et pour protéger son départ. Mais George Sand, qui allait et venait avec son calme habituel, pendant que Maurice organisait ses paysans mobilisés, était alors absente. « Je ne l'ai pas vu ; j'étais absente pour deux jours. Je ne comprends pas davantage cette visite d'un étranger, venant m'offrir des services que je n'ai pas demandés. » (31 décembre 1870.) Stefan Poleski en fut pour un billet qu'il écrivit à l'auberge, et qu'il data ainsi : *au Bouchon, Nohant, ce 15 décembre 1870.*
Durant ces tristes mois, les deux femmes échangent leurs impressions, — révolte d'un côté, grave résignation de l'autre, — et elles partagent leurs ressources. Solange a ses maçons sur les bras ; mais la littérature de Nohant, d'autre part, ne va guère. Le 12 février, George Sand annonce qu'un obus a éclaté dans la maison où elle a son pied-à-terre, rue Gay-Lussac.

Heureusement la vieille Martine a été épargnée, et l'appartement reste à peu près sauf. Après la Commune, on fait la revue des amis survivans, des disparus. Et, tandis que Solange, ulcérée à la vue de ces ruines qui exaspèrent sa patriotique douleur, se répand en cris de honte et de rage, George Sand, songeant plus haut, visant plus loin, a déjà repris le sillon interrompu. Certes elle a souffert ; mais elle prévoyait : « Quel dénouement à cette aventure de l'impérialisme ! Il était si prévu qu'il ne m'étonne pas plus que quand les dénouemens logiques de mes romans se placent tout seuls sous ma plume. Je m'attendais à ces désastres, à ces douleurs. Ils n'en sont pas plus doux pour avoir été vus d'avance. » (Printemps de 1871.) En attendant que l'aube du lendemain s'éclaire, elle travaille. Et elle reprend, avec sa fille, son habituelle question : « Travailles-tu ? Il faut écrire n'importe quoi. Tu fais des progrès de forme, d'expression et de raisonnement. Il faut tirer de soi ce que l'on a. » (22 juin 1871.) Si Solange n'a pas encore le cœur au roman, quelle occupe son esprit à une étude quelconque, à la botanique par exemple, pour laquelle souvent elle a marqué de la curiosité. Mais la botanique elle-même ne l'intéresse plus à cette heure. Et George Sand, en vraie disciple de Rousseau, d'ajouter cette belle leçon à tant d'autres :
Tes dédains pour la botanique sont des raisons de paresseuse. La nature ne classe pas, mais elle est *classifiable*. Elle suit une ligne d'invention que nous pouvons constater et qui est d'une admirable logique dans sa fécondité toujours originale. Si de lourds savans ont marché sur elle avec de gros sabots, des génies de premier ordre ont su la comprendre. Linné est un grand philosophe et un grand poète. Il a eu le coup d'œil de l'aigle avec la méthode austère du savant. Ses noms sont presque tous beaux. On peut encore suivre sa méthode dans ses grands aperçus et garder ses aphorismes comme de hautes vérités. La botanique est une étude charmante qui ouvre les yeux de l'artiste et le rend plus artiste. En huit jours, et tout seul, avec un livre élémentaire, on peut non pas la savoir, — on ne possède pas une science sans de longues études et une solide mémoire, — mais être à même de la comprendre et de trouver dans des livres plus détaillés tout le détail qu'on veut s'approprier jour par jour. Apprendre le vocabulaire descriptif, et l'appliquer aux parties de la plante qu'on a sous les yeux, tout est là. Une fois en possession de ces élémens, on ouvre la *clé* qui se trouve au commencement de tous les ouvrages ; on examine à la loupe, si la plainte est petite ; et, en dix minutes, on trouve son nom, son habitat et ses habitudes. Seulement il faut autant que possible l'avoir entière, racines, fleurs et fruits. Si tu veux en essayer, la *Flore* de Decaisne et Lemahout est très commode pour la France, l'Europe et les exotiques. (Fin de 1871, ou début de 1872.)
Solange en essaya. Ne créait-elle pas un jardin autour de sa villa *Malgrétout* ? Elle se mit en quête de plantes rares, les étudia, les acclimata. Elle avait d'ailleurs pour la culture l'instinct et le tact de sa mère. Tout venait à merveille sous ses doigts : son jardin révélait ses dons d'artiste, comme chez d'autres femmes la coupe d'une robe, ou l'aménagement d'un salon. Sa villa elle-même, bâtie en partie avec le gain que lui procura la vente d'une fraction de ses terrains, était d'une originalité pleine de saveur. L'intérieur

ressemblait à un caprice réussi. « Malgrétout, » la maison était la bien nommée. Et Solange se plaisait dans ce cadre créé à son image. Elle en oubliait ses projets littéraires. Cependant, le 26 octobre 1871, elle annonçait qu'elle commençait un nouveau roman : « Je n'y travaille qu'une heure le soir avant de m'endormir. » Sa mère, le mois suivant, l'interroge sur cet ouvrage ainsi traité comme un somnifère : « Veux-tu songer à travailler un peu ? » Mais Solange, maintenant moins pressée d'argent, se refroidit. Tant mieux, reprend sa mère, pour la vente de ton terrain. Ce n'est pas une raison pour ne pas écrire. On a toujours, même quand le pain est à la maison, quelque bout d'idéal en soi et on le développe en le disant. Comment avaler l'horreur de la vie générale si on n'a un coin pour se réfugier contre ses caprices ? Le coin matériel, le *home* ne suffit pas. Il y a le nid intérieur, le petit sanctuaire, la petite pagode intellectuelle, si tu veux, que l'âme se bâtit, qu'elle orne à sa guise, et où elle entre de temps en temps pour s'absorber et se refaire. (27 janvier 1872.)

Maintenant elle n'aura de cesse que Solange n'ait achevé cette nouvelle petite œuvre. Elle sait trop bien que l'inaction lui est mauvaise ; elle sait aussi qu'avec elle, tout se commence et rien ne s'achève ; or, « achever, tout est là. » En juin 1872, elle revient à la charge. En septembre, elle prêche d'exemple en refaisant *Mlle de La Quintinie* « de fond en comble. » En janvier 1873 : « Pioche ton roman ! » En mars : « Avances-tu ton roman ? » Et ainsi jusqu'à la fin de la correspondance, qui tombe tout à coup en juillet 1873. Elles ne s'écriront plus désormais, parce qu'elles vont demeurer presque porte à porte. Dans l'été de 1873, Solange acquiert Montgivray, et s'installe dans son cher Berry, exactement entre La Châtre et Nohant, presque au bord de la route qui conduit directement chez sa mère. Un double hasard lui permettait d'accomplir son « vœu secret. « Malgré-tout » était à peine achevé et meublé, qu'un acheteur démarque, le prince de la Moskowa, en offrait le double de ce qu'il avait jouté. Solange hésita, puis conclut cette affaire avantageuse, et opportune. Ce ne fut pas la maison qu'elle regretta. « Mon pauvre jardin ! ça, c'est le crève-cœur ; mes plantes exotiques en pleine terre, mes cyclamens, mes camélias en fleur, et mes bordures de violettes de Parme ! Mon *colecia horrida*, surtout ! » Cet exotisme qu'elle regrettait à Cannes, elle allait le transplanter, avec elle, dans ce domaine de Montgivray, ancienne propriété des Châtiron ; en changeant de mains, Montgivray restait dans la famille. En même temps, le fonds de nature berrichonne allait ressusciter chez Solange, tandis qu'elle vieillirait au gîte. Du coup, elle finit le roman qu'elle avait rapporté de Cannes inachevé (24) ! Son dernier billet à sa mère (15 septembre 1873) nous la montre se présentant chez Charles Edmond, et laissant pour lui une lettre de sa mère avec son manuscrit. « Je n'ai pas trouvé Charles Edmond. Il ne rentrait qu'aujourd'hui. J'ai laissé ta lettre et fait remettre le manuscrit que j'ai encore *retapé* à Paris. » Ce billet est déjà daté de Montgivray.

Ainsi se termine le dialogue de la mère et de la fille. Depuis 1835, nous avons pu le suivre presque sans interruption. Il avait duré près de quarante ans.

Les trois années, à peine, qui s'écoulèrent entre l'installation de Solange à Montgivray et la mort de sa mère paraissent n'avoir été marquées par aucun incident notable. C'en est un, pourtant, que l'éloignement relatif qui résulta de ce rapprochement. Entre Montgivray et Nohant, il y eut bientôt plus de distance qu'il y en avait eu entre Nohant et Cannes jadis ou Turin. C'était à prévoir. George Sand avait prouvé une fois de plus sa sagesse, quand elle s'était opposée, douze ans auparavant, à une installation près d'elle, qu'elle jugeait prématurée. Maintenant les inconvéniens n'étaient plus les mêmes. Pourtant, des froissemens se produisirent bientôt, notamment avec Maurice. Nohant était le nid où s'élevaient les gracieux petits-enfans de la grande aïeule, ces enfans auxquels Solange s'intéressait (ses lettrés en témoignent), mais dont la vue, malgré tout, rouvrait dans son cœur toujours saignant une blessure profonde. N'écrivait-elle pas, après la secousse de l'année terrible :
Je suis contente de savoir que vous allez bien. Les petites filles… quand elles sont charmantes, ah ! c'est la joie de tous les instans de la vie. Mais c'est aussi l'effroi et le tourment au moindre accident. Et quand on ne les a plus, c'est le désespoir *foncier* et pour toujours ; un désespoir qui se creuse comme une solitude dans un cœur, et qui s'y enfonce et s'y étend comme un cancer à mesure que l'on vieillit. Vieillir seule, c'est affreux pour une femme. Les amitiés replâtrent le vide par-dessus les malheurs : elles ne reconstruisent ni ne bouchent rien. L'amitié, cette invention si douce des humains, n'est vraiment qu'un palliatif charmant, qu'un pis aller délicieux. (26 octobre 1871.)
On s'envoyait des nouvelles, on ne se voyait pas.
La distance entre le castel fleuri de Montgivray et la vieille gentilhommière de Nohant n'était pourtant pas telle, que Solange n'accourût aux premières atteintes du mal qui devait emporter celle qu'elle adorait dans le fond de son étrange cœur. Dans la terrible nuit du 7 au 8 juin 1876, durant ces heures d'agonie où la mourante murmurait, parmi d'atroces souffrances : « Mon Dieu, la mort ! la mort ! » Solange était à son chevet, avec le reste de la famille. Peu avant son dernier soupir, vers dix heures du matin, c'est la main de Solange que George Sand porte à sa bouche « en faisant le simulacre de mordre. Sa fille lui demanda si elle voulait manger. Elle fit signe que oui. On lui fit avaler péniblement une ou deux petites cuillerées de bouillon (25). » C'est elle, aidée de Solange Marier, qui donna aux restes mortels de sa mère les derniers soins ; elle enfin qui insista pour que, en l'absence d'instructions expresses de George Sand, les funérailles ne fussent point civiles. Un sentiment de convenance supérieure lui fit user ainsi d'une latitude sans doute intentionnelle, et qui en elle-même avait sa signification.
Elle lui survécut vingt-trois années (26). Ceux qui l'ont connue seulement dans les derniers temps de sa vie ont pu éprouver les impressions les plus singulières, voire les plus contradictoires. Mais la contradiction était le fond même de cette nature. Tête très artiste, cœur naturellement froid, à de certains momens ce cœur battait d'un mouvement désordonné, et emballait tout le

reste. L'ancienne jolie femme se décelait à certains soins du visage, à des redressemens subits du port et de la taille, à des gestes demeurés séduisans malgré leur dédain. Son esprit était la chose la plus unique et la plus hétérogène : caustique, drôle, supérieur et gavroche, très viril et pourtant très féminin, impétueux en saillies et pourtant capable de profondeur, il donnait l'idée la plus avantageuse de ce que la nature l'avait fait, et surtout de ce que l'étude eu aurait pu faire. Tous ses propos eu étaient assaisonnés. L'esprit était la chose que Solange dépensait sans compter. Autour d'elle tout respirait l'ordre le plus méticuleux, et un arrangement bourgeois dans une fantaisie d'artiste. Elle préférait ouvertement ses bêtes à ses gens, quoiqu'elle s'attachât même à ses gens. Dans l'amitié, qui pour elle était un sentiment extrême, elle était indomptable. Elle avait des dévouemens violens, têtus comme des passions malheureuses. Au fond, elle était toute passion, mais passion de tête. Une romantique forcenée, doublée d'une mondaine du second Empire, et compliquée d'une Berrichonne impénitente, formaient chez elle un amalgame de haut goût. L'impossibilité de réaliser l'unité logique de son moi, en fit, de tout temps, une nature à part, et une femme malheureuse. Elle n'acheva pas plus son caractère qu'elle n'achevait ses romans ; sa vie fut une succession d'essais ; et le plus beau en était toujours la préface. Trop « lionne » pour être uniquement écrivain ; trop écrivain pour n'être que « lionne ; » trop coquette pour se prendre à l'amour ; trop femme pour ne pas le regretter ; trop fille de George Sand et trop esprit supérieur pour ne pas mépriser sa vie mondaine et soi-même par-dessus le marché, souvent abusée mais jamais dupe, Solange devait traîner jusqu'à la fin son incurable ennui, approfondi et envenimé d'un deuil inconsolable. Un berceau vide, cette pensée l'accompagnait partout ; un serpent lui mordait le cœur à toutes les heures. Vouée au spleen par une sorte d'hérédité, elle songea plus d'une fois au suicide, et même un jour elle faillit le réaliser. Elle essaya de croire ; là, comme ailleurs, elle n'alla probablement pas jusqu'au bout. En tout cas, quelle que fût sa religion, elle dut avoir, comme sa mère, foi en la réunion finale. Et cela put relativement la soutenir. Il lui fut doux de penser qu'elle retrouverait ailleurs l'enfant perdue. Sur la croix de marbre blanc dont sa tombe, comme celle de Jeanne, devait se parer très simplement, elle voulut que l'on gravât le signe de sa souffrance (27). C'est la « mère de Jeanne, »dont elle a voulu qu'on se souvînt dans le petit cimetière de Nohant. Et, certes, nul ne contestera à Solange Clésinger le titre de mère très malheureuse. Toutefois, grâce à des lettres précieuses, que sa piété a justement conservées, nous savons aujourd'hui qu'il faut ajouter à ce titre celui de fille très aimante et très aimée de George Sand.

SAMUEL ROCHEBLAVE.

1. *Voyez la Revue du 15 février et du 1er mars.*
2. *Souvenirs el Idées*, 1904.
3. Pendant son séjour à Rome, George Sand s'était fait adresser son courrier sous le couvert d'Adolfo Parodi, agent de change,

à Gênes.

4. Maurice et Mauceau. Maurice était un entomologiste très distingué. Il préluda à ses études sur les papillons par *Deux jours dans le monde des papillons*, essai pour lequel sa mère écrivit une *préface*, publiée dans la *Revue de Paris*, le 15 février 1855. Plus tard, après de longues recherches et des voyages en Afrique et en Amérique, il publia, en 1860, *le Monde des Papillons*, bel ouvrage illustré qui fait autant d'honneur à son talent d'artiste qu'à son savoir et à son goût.

5. Plon éditait alors *l'Histoire de ma vie.*

6. La lettre porte, sur la feuille de garde : « Mille millions d'amitiés de la part des facteurs de poste aux lettres. Victor Borie, E. Lambert. »

7. *La Daniella* parut dans la *Presse*, à partir du 6 janvier 1857.

8. Solange était alors à Turin.

9. Voyez *Correspondance*, IV, p. 41.

10. *Ibid., p. 117, et p. 119, la lettre à l'impératrice Eugénie.*

11. *Tolla* avait paru en 1855, dans la *Revue des Deux Mondes.*

12. *Revue européenne* du 1er juin 1859 ; — article inséré depuis dans le tome XV des *Lundis* ; l'allusion à George Sand est à la fin, p. 326.

13. Mme Hortense Allart de Méritens, auteur, entre autres, de nombreuses publications sur l'Italie.

14. George Sand « découvrait » alors la minéralogie, après avoir fait toute sa vie de la botanique en élève de Jean-Jacques, et de l'entomologie à la suite de Maurice. Elle regretta toujours de s'y être adonnée trop tard, et la cultiva jusqu'à la fin, à ses heures de loisir. — Voir sa curieuse lettre à Michelet du 14 février 1861. (*Revue de Paris,* 1er décembre 1904.)

15. Par La Tour, réplique (ou original ?) de celui du Louvre. Aujourd'hui chez Mme Lauth-Sand. George Sand écrivit un jour à Solange qu'elle lui donnerait ce portrait quand elle aurait achevé son livre sur le maréchal de Saxe. Aussi ne l'eut-elle jamais.

16. Le bois de Vavray, près de Nohant, est celui où George Sand a placé une partie de l'action de *Valentine*.

17. Article d'Henry Fouquier dans *la Liberté*, du 7 novembre 1899.

18. Paru en feuilleton dans *la Presse* au mois de décembre 1869, et en volume chez Michel Lévy au printemps de 1870.

19. Solange trouva l'avis si bon, qu'elle transporta, *sans y rien changer*, le passage précédent : » Je l'ai accepté ce devoir... » dans *Jacques Bruneau*, à l'avant-dernière page (p.

311). Et voici comment elle « développa : » — « La Religion !
dit la Nina ! la foi sauve et console de tout. — C'est parfait !
mais ne l'a pas qui veut. » Et c'est fini. La pirouette était
habile. Solange se reconnaît à ce trait.

20.   Sans doute pour présenter le roman à *la Presse*.

21.   Rappelons que Sainte-Beuve venait de mourir, le 13
octobre 1869.

22.   Ceci est exact. Les lettres existent, elles sont même
fort piquantes.

23.   Mme L. Boissonnas : *Une Famille pendant la
guerre* (Hetzel).

24.   Il n'est pas sûr que ce roman de 1873 ait rien de
commun avec celui que Solange fit paraître assez longtemps
après la mort de sa mère (en 1887), chez Calmann-Lévy, *Carl
Robert*. Dans *Carl Robert*, on retrouve une partie des
personnages de *Jacques Bruneau* et deux nouveaux
personnages, deux artistes (Robert et Mlle Flori). Tous deux
sont d'une extraordinaire invraisemblance ; mais les pages
fringantes abondent, et certains épisodes sont enlevés avec un
surprenant brio.

25.   Henry Harrisse, *Derniers momens et obsèques de
George Sand* (1904). — Même détail dans la relation
manuscrite du Dr Pestel, de Saint-Charlier, relation aujourd'hui
entre les mains de sa veuve, et que nous avons pu consulter.

26.   Elle mourut à Paris, de l'influenza, le 17 mars 1899.

27.   « Gabrielle-Solange Clésinger, née Dudevant-Sand,
mère de Jeanne, née à Nohant le 13 septembre 1828, morte à
Paris le 17 mars 1899. »